Cornelia Landensperger, Antje Martin

DIE SCHÖNSTEN AUSFLÜGE

MÜNCHNER STADTSPAZIERGÄNGE

Auf den Spuren von Künstlern, Kaufleuten und Königen

J. BERG

Inhalt

Die Spaziergänge

Im Isartor befindet sich heute das Valentin-Musäum.

Der Königsbau der Residenz. Im Vordergrund der Max-Joseph-Platz.

Das Wurmeck am Neuen Rathaus, Marienplatz/Ecke Weinstraße

Eingang zur Neuen Pinakothek

Vorwort

Ob Bier, Schmankerl oder Hofläden, Kunst, Literatur oder Natur – dieses Buch bietet zwanzig Spaziergänge kreuz und quer durch die bayerische Landeshauptstadt München.

Wir zeigen Ihnen den alten Stadtkern mit seinen kleinen verträumten Gassen, mittelalterlichen Innenhöfen und berühmten Sehenswürdigkeiten. Wir besuchen einzelne Stadtteile, die besondere Geschichten zu erzählen haben, und wir führen Sie zu ausgewählten Parks sowie zur Isar, der Lebensader der Stadt seit jeher.

Die Facetten unserer Stadtspaziergänge sind vielfältig: Während eine Tour vielleicht nur wenige Straßen oder Häuserblocks durchstreift, erfährt man dabei umso mehr über die Bauwerke, ihre Geschichten, Persönlichkeiten und Legenden, die eng damit verwoben sind. Daneben gibt es längere Strecken, die durch die herrliche Natur führen und dem Geist viel freien Raum lassen, während wissenswerte Details einen begleiten.

Unsere Spaziergänge haben unterschiedliche Themen und daher ist für jeden etwas dabei: für den Sportlichen oder den Autoliebhaber, für den Genießer oder den Wissensdurstigen. Die Touren sind kurz und daher gut miteinander kombinierbar, falls man noch mehr erkunden möchte. Das Büchlein ist ein bunter Begleiter für jeden, der etwas Neues entdecken möchte, genauso wie für den, der endlich mehr über Geschichte und Geschichten einer Stadt erfahren möchte, egal, ob sie seine Heimat, seine Wahlheimat oder sein Urlaubsziel ist.

Wir wünschen Ihnen viel Vergnügen!

Ihre Cornelia Landensperger und Antje Martin

Bild rechts: Der Monopteros: Der Englische Garten lädt zu jeder Jahreszeit zu einem Spaziergang ein.

1 Die mittelalterliche Innenstadt

Von Teufeln und Drachen

■ **Dauer:** 2 Std.
■ **Route:** Frauenkirche, Kaufingerstraße, Marienplatz, Alter Peter, Burgstraße, Hofgraben, Platzl
■ **Ausgangspunkt:** S-Bahn- und U-Bahn-Station am Marienplatz oder Karlsplatz/Stachus
■ **Ziel:** S-Bahn- und U-Bahn-Station am Marienplatz (U3/U6)

Der Spaziergang führt uns kreuz und quer durch das mittelalterliche München. Wir hören von Teufelsgeschichten und diebischen Elstern, Drachen und Halunken, lernen »Ohrwaschl« und »Durchhäuser« kennen.

Der Spaziergang durch das mittelalterliche München beginnt vor dem großen Hauptportal der **Frauenkirche**. Blicken wir hinauf, so haben wir die zwei großen, erhabenen Türme mit ihren typischen Welschen Hauben vor uns. Die Frauenkirche wurde in den Jahren von 1468 bis 1488 von dem Baumeister Jörg Halsbach, genannt Ganghofer, in einer Rekordzeit von zwanzig Jahren erbaut. Wenn man bedenkt, dass andere große Kathedralen in mehreren Jahrhunderten errichten wurden, so verwundert es nicht, dass die Münchener Bevölkerung vermutete, dass es hier nicht mit rechten Dingen zuging. Und so entstand die Legende des Teufelstritts (s. S. 9).

Durch den Haupteingang betreten wir die Kirche, kommen am Teufelstritt vorbei und stehen im Mittelschiff. Der Innenraum ist sehr schlicht gehalten, was sehr untypisch für eine bayerische Kirche ist. Man kann sagen, dass sich die Frauenkirche nicht durch goldene Verzierungen und Reichtum, sondern durch ihre Erhabenheit auszeichnet. Denn in der Tat beeindruckt die Kirche besonders durch ihre Größe: Sie ist 109 Meter lang, 40 Meter breit und die Türme sind fast 100 Meter hoch.

Das Wahrzeichen der Stadt: einer der Türme der Frauenkirche

Die diebische Elster

Man erzählt sich, dass im **Schönen Turm** ein braver Goldschmied seine Werkstatt hatte. Eines Tages bekam er von einem Edelmann ein wertvolles Schmuckstück überreicht, von dem er eine Kopie anfertigen sollte. Als er einmal seine Werkstatt verließ und alle Schlösser sorgsam abgeschlossen hatte, war der Schreck groß als er zurückkam, denn das kostbare Stück war verschwunden! Endlich nahm er allen Mut zusammen und erzählte dem Edelmann von seinem Missgeschick. Dieser glaubte ihm nicht und zerrte ihn vor Gericht, das ihn zum Tode verurteilte. Kurze Zeit später entdeckte man ein Elsternest am Turm, in dem das Schmuckstück lag. So war nun alle Welt von der Unschuld des braven Schmiedes überzeugt. Doch es hat ihm nichts genutzt, denn er war in der Zwischenzeit bereits hingerichtet worden.

Die Mariensäule auf dem Marienplatz markiert das geografische Zentrum der Stadt.

An dieser Stelle ist das Grabmal von Ludwig dem Bayern zu erwähnen. Man bezeichnet es als Kenotaph, da hier nie der Leichnam des Kaisers aus dem Wittelsbacher Geschlecht (seine Krönung war im Jahre 1328) begraben worden war. Es sollte durch seine imposante Größe die Macht des Landes demonstrieren. Ursprünglich stand es an der Stelle des Hauptaltars.

Wir gehen wieder ins Freie und entlang des grünen Gebäudes in Richtung Fußgängerzone, gelangen in die Kaufingerstraße und stehen vor dem Herrenausstatter Hirmer. An dessen Pforte ist eine Bronzetafel angebracht, welche auf den **Schönen Turm** hinweist. Dieser Turm war ein Teil der ersten Stadtbefestigung. An der Stelle, an der sich der Turm befand, hat man den Grundriss mit Hilfe von braunen Ziegelsteinen auf dem Boden nachgezeichnet. Darüber hinaus wurde an der Hausecke des Hirmerhauses eine Skulptur des Schönen Turms angebracht, die ebenso daran erinnern soll, was hier einmal gewesen ist.

Rechts neben dem Hirmerhaus in Richtung Karlsplatz sehen wir die alte **Augustinerkirche St. Johann Evangelist und St. Johann Baptist**. Sie war die erste Kirche der Augustinermönche in München, welche 1803 der Säkularisation unter König Max I. zum Opfer gefallen war. Heute befinden sich darin zahlreiche Läden und das Jagdmuseum.

Wir gehen nun weiter bis zum **Marienplatz**. Schon seit jeher war dieser Platz das Zentrum Münchens. Doch den Namen hat er erst vor ungefähr 150 Jahren erhalten, als eine Choleraepidemie in München gewütet hatte. Die Bevölkerung wollte der Maria Mutter Gottes und gleichzeitig der Schutzherrin des Landes mit dieser Geste für die Überwindung der Krankheit danken. Die **Mariensäule** stammt aus der Zeit des 30-jährigen Krieges. Nachdem die Belagerung und Brandschat-

Die Nöte an der Mariensäule: Die Schlange als Symbole des Unglaubens (rechts) sowie der Löwe als Gleichnis für den Krieg (links).

zung durch die Schweden mit wenigen Verlusten überwunden war, setzte man der Heiligen Maria ein Denkmal dafür, dass die Münchner Bevölkerung Hunger, Krankheit, Pest und Unglaube endlich überstanden hatte.

Die **Symbole der Nöte** sind als Statuen auf dem Sockel der Mariensäule zu entdecken: Der Drache verkörpert den Hunger, der Löwe den Krieg, der Basilisk die Pest und die Schlange den Unglauben.

Vom Drachen an der Mariensäule gehen wir zur linken Ecke des Neuen Rathauses an der Weinstraße und bleiben am **Wurmeck** stehen. Ein greifenähnliches Ungetüm prangt hier am Wurmeck und soll einer Legende nach Krankheit und Pest über die Stadt gebracht haben. Die Zeit der Begebenheit ist nicht bekannt, es könnte aber im 15. Jahrhundert gewesen sein, als München durch die Pest fast entvölkert worden war. Es gibt aber auch andere Deutungen des Ecks: So soll hier im 13. Jahrhundert eine Metzgerfamilie mit dem Namen Wurm gelebt haben. Wahrscheinlicher ist aber ein Fresko des Drachenkampfes des hl. Georgs, welches bis zum Bau des Neuen Rathauses hier angebracht gewesen war.

Von hier gehen wir quer über den Platz zum **Alten Peter** auf die andere Seite. Der Alte Peter ist an den jeweils zwei übereinander platzierten Uhren zu erkennen. Die Kirche trägt eigentlich den Namen St. Peter und wird nur von den Münchnern liebevoll »Alter Peter« genannt. Es handelt sich hier um die älteste Pfarrkirche der Stadt. Man nimmt an, dass hier auf dem **Petersbergl** der Ursprung der Stadt gewesen ist, denn hier gab es schon vor ihrer Gründung vor 850 Jahren eine Ansiedlung von Mönchen, die der Stadt auch ihren Namen gab: »apud Munichen« – »bei den Mönchen«. Das Münchner Kindl erinnert zwar an diese Geschichte, aber urkundlich belegen lässt sie sich nicht.

Wir gehen an der Nordfassade des Alten Peters vorbei und links die kleine Treppe hinunter, die uns genau vor das **Alte Rathaus** führt, welches vor mehr als 600 Jahren ebenso von Jörg von Halspach gebaut wurde. Der große Saal, der sich mit den großen Fenstern mit Spitzbögen Richtung Marienplatz präsentiert, ist der Saal der Ratsherren

Eingang in die Platzlgassen gegenüber des Hofbräuhauses

Die Frauenkirche und der Teufelstritt

Man nahm an, dass der Architekt Jörg von Halsbach einen Pakt mit dem Teufel geschlossen hatte, da er vor der unlösbaren Aufgabe stand, die Kirche in nur wenigen Jahren zu errichten. Der Teufel habe ihm seine Hilfe angeboten, wenn er ein Gotteshaus ohne Fenster errichten würde. Der Teufel wusste nämlich genau, dass eine Kirche ohne Fenster keine richtige Kirche sein konnte. Würde sich der Baumeister nicht an die Abmachung halten, so bekäme er seine Seele. Als die Kirche nun fertig war, sah der Teufel die Bevölkerung freudig in die Kirche strömen und in großer Andacht wieder herauskommen. Deshalb ging er selbst in die Kirche, um nach dem Rechten zu sehen und in der Tat, er sah keine Fenster! Der Innenraum der Kirche war damals anders gestaltet, aber bei den Seitenfenstern im Hauptschiff kann man den Trick des Baumeisters nachvollziehen: Von der Eingangshalle aus ist jedes Fenster von einer Säule verdeckt, so dass es nicht sichtbar ist. Als der Teufel das sah und bemerkte, dass er im wahrsten Sinne des Wortes hinters Licht geführt worden war, stampfte er mit seinem rechten Fuß vor Zorn so stark auf, dass bis heute sein Fußabtritt im Eingangsbereich am Hauptportal zu sehen ist!

und Zünfte. Hier wurden in mittelalterlicher Zeit wichtige Sitzungen abgehalten. Heute dient er nur noch repräsentativen Veranstaltungen. Im Durchgang des Turmes befindet sich der Eingang zum **Spielzeugmuseum**, welches durch ein Klangspiel auf sich aufmerksam macht. In der großen Durchfahrt, durch die auch der Bus fährt, ist der Eingang in das Alte Rathaus. Hinter dem vergitterten Fenster rechter Hand soll sich der mittelalterliche Kerker befunden haben, in dem die Halunken schmorten, bevor sie auf dem Marienplatz entweder an den Pranger gestellt oder dem Henker vorgeführt wurden.

In der alten Pfistermühle ist heute ein Restaurant mit renommierter Küche zu finden.

Wir gehen weiter in die Burgstraße bis zum **Haus des Stadtschreibers**, einem sehr wichtigen Mann, welcher in früheren Zeiten alle schriftlichen Dokumente und Gesetzestexte festgehalten und das Stadtgeschehen dokumentiert hatte. Das reich bemalte Haus zählt heute zu den ältesten der Stadt und ist aus diesem Grund ein besonderes Schmuckstück. Hier am Haus des Stadtschreibers kann man die sog. **Ohrwaschl** sehen. Darunter versteht man die Halbgiebel, an denen die Waren mit Seilwinden in das Obergeschoss befördert wurden. Darüber hinaus dienten sie auch als Brandschutz, so dass die Flammen nicht von dem einen auf das nächste Haus überspringen konnten.

Wir gehen durch den **Alten Hof** (vgl. Spaziergang 3) geradeaus durch und dann rechts, bis wir vor die alte **Hofpfisterei** kommen, deren mittelalterliche Bauform mit weit heruntergezogenen Giebeln noch gut zu erkennen ist. Man nimmt an, dass sie in der ersten Hälfte des 16. Jahrhunderts als Hoflieferant in Betrieb genommen wurde.

Von hier aus gehen wir nun weiter in die kleine Fußgängerzone, biegen gleich rechts in die Platzlgasse und befinden uns in einem **Durchhaus**, das so genannt wurde, weil man durchgehen konnte. Die kleinen Innenhöfe waren in der mittelalterlichen Zeit in den Häusern üblich. Aus Platzmangel führen die Treppen sehr steil in die oberen Etagen. Aus den Brunnen der Innenhöfe mussten die Bewohner des Hauses ihr frisches Wasser zum Trinken, Kochen und Waschen holen und in ihre Wohnungen schleppen. Hier endet unser Spaziergang.

Blick in ein mittelalterliches Durchhaus mit schmalen Wegen, kleinen Innenhöfen und steilen Stiegen, den sog. »Himmelsleitern«.

2 Von der Michaelskirche zum Hofbräuhaus

München zur Zeit Wilhelms V.

- **Dauer:** 1:30 Std.
- **Route:** Neuhauser Straße, Kaufingerstraße, Marienplatz, Sparkassen-, Lederer- und Orlandostraße bis zum Platzl
- **Ausgangspunkt:** U- und S-Bahn-Station am Marienplatz oder Karlsplatz/Stachus
- **Ziel:** U- und S-Bahn-Station am Marienplatz

Wir folgen den Spuren Wilhelms V., auch der Fromme genannt, und besuchen die Michaelskirche sowie das Jesuitenkolleg, das Glockenspiel und das Hofbräuhaus am Platzl.

Wir beginnen unseren Spaziergang auf der Neuhauser Straße vor der **Michaelskirche**. Dieser imposante Kirchenbau wurde 1583 unter Herzog Wilhelm V. (1579–1597) von Friedrich Sustris erbaut. Stilistisch steht er zwischen Renaissance und Barock und wurde in Anlehnung an Il Gesù, die römische Mutterkirche der Jesuiten, erbaut. Sie gilt heute als größte Renaissancekirche jenseits der Alpen und wurde damals als geistiges Zentrum der katholischen Gegenreformation und als Sitz der Jesuiten in München errichtet. Das Tonnengewölbe im Inneren ist nach dem der Peterskirche in Rom das zweitgrößte der Welt. Wilhelm V., genannt der Fromme, wollte mit diesem Bau ein Zeugnis seiner geistigen Herkunft und seines Glaubens ablegen. Die Fassade der Kirche wurde höfisch und gleichzeitig sakral gestaltet: Im Giebel thront Christus als Salvator, als Retter, und direkt unter ihm, aber einige Stockwerke tiefer, ist der Erzengel Michael, der im Kampf um den wahren Glauben alles Böse dieser Welt mit der Lanze tötet, welches in Gestalt eines Drachens dargestellt ist. Zwischen Christus und Michael sind verschiedene Herrscher zu sehen, die sich nach der Überzeugung Wilhelms V. um den christlichen Glauben in Bayern verdient gemacht hatten.

Im Inneren ist die **Fürstengruft** zu besichtigen, die als eine der Grablegen des Hauses Wittelsbach diente. Weitere Grablegen sind in der Theatinerkirche oder in der Frauenkirche zu finden. So ist in der Michaelskirche bis heute das Grab Wilhelms V. zu sehen, aber ebenso das seines Sohnes Kurfürst Maximilian I. sowie das König Ludwigs II., des Märchenkönigs, und seines Bruders König Otto.

Rechter Hand der Michaelskirche erstreckt sich das **Jesuitenkolleg**. Wie auch heute, war München schon damals das katholische

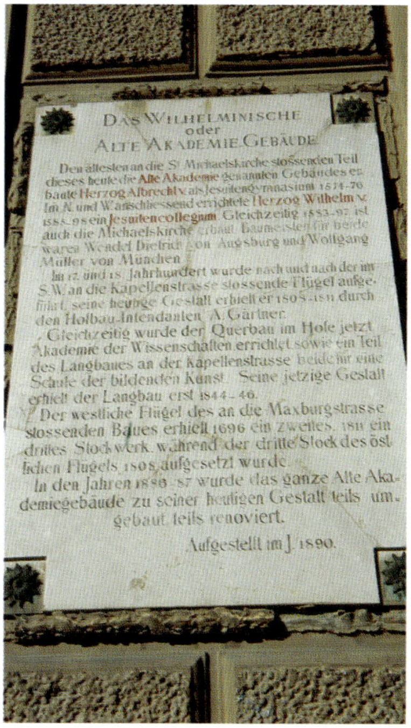

Bild links: Informationstafel zum Jesuitenkolleg »Alte Akademie« in der Kaufingerstraße

Bild rechts: Wilhelm V. mit dem Modell »seiner Kirche« an der Fassade der Michaelskirche

Zentrum des Landes Bayern. Herzog Wilhelm V. wollte mit diesem Bauwerk der Michaelskirche ein Zeichen der katholischen Gegenreformation setzen. Die Tatsache, dass Martin Luther eine kirchliche Reformbewegung gegründet hatte, die auf die Missstände in der katholischen Kirche hinweisen sollte und aus der schließlich die evangelische Kirche hervorging, wurde von hier nicht nur auf das schärfste verurteilt, sondern auch erbittert bekämpft.

Im Jahre 1559 kamen die ersten Jesuiten nach München, die hier im Kolleg ihren Unterricht begannen. Das Gymnasium wurde aber erst im Jahre 1576 vollendet. Dass Herzog Wilhelm V. die Niederlassung des Ordens als bedeutendes Zentrum der Wissenschaften einstufte, zeigt sich darin, dass er dem Gymnasium 1590 alle Vorrechte eines Universitätskollegs zubilligte und es der Universität Ingolstadt angliederte.

Wir gehen weiter Richtung Marienplatz, kommen von der Neuhauser Straße in die Kaufingerstraße und bleiben vor dem **Neuen Rathaus** stehen. Hier treffen wir wieder auf den Herzog, dieses Mal in Begleitung seiner Gemahlin Renata von Lothringen.

Das **Neue Rathaus** wurde Ende des 19. Jahrhunderts im neugotischen Stil erbaut. An seiner Fassade ist einer der größten Herrscherzyklen dargestellt. Wittelsbacher Herzöge, Kurfürsten und Könige, aber

Im Glockenspiel des Neuen Rathauses ist oben die Hochzeit des Herzogs Wilhelm V. mit Renata von Lothringen zu sehen.

ebenso Volkssänger und andere Persönlichkeiten, die für die Münchner Geschichte wichtig gewesen waren, sind hier zu sehen. In der Mitte sitzt Prinzregent Luitpold hoch zu Ross. Ihm wurde das Rathaus gewidmet, da er beim Volk einerseits sehr beliebt war und andererseits zur Zeit der Errichtung lebte. Man sprach noch lange von »der guten alten Prinzregentenzeit, in der die Welt noch in Ordnung war.«

Das Herzogenpaar ist in der Mitte des Turmes zu finden und zwar im **Glockenspiel**. Mit 43 Glocken werden hier die unterschiedlichsten Melodien gespielt. Auf der oberen Plattform ist die Hochzeit Wilhelms V. mit Renata von Lothringen dargestellt, bei der in der Mitte des 16. Jahrhunderts (1568) ein großes Ritterturnier auf dem Marienplatz veranstaltet wurde. Auf der unteren Plattform ist der Schäfflertanz zu sehen. Die Schäffler, die Zunft der Fassmacher, gingen nach einer siebenjährigen Pestzeit wieder auf die Straße und lockten die verängstigten Bürger mit ihren bunten Kleidern und lustigen Schellen zurück in das Leben. Die Pest war im Jahre 1517 überwunden und nun sollte gefeiert werden. Alle sieben Jahre wird der Tanz bis heute zwischen Dreikönige und Fasching aufgeführt (zuletzt im Jahre 2005).

Wir laufen weiter über den Marienplatz, vorbei am Kaufhaus Beck, durch den Turm des Alten Rathauses, überqueren die Burgstraße und biegen in die nächste, die Sparkassenstraße, links ab. Dieser folgen wir bis zur Ledererstraße, in die wir rechts und dann gleich wieder links in die Orlandostraße einbiegen, die uns bis zum Platzl führt. Hier bleiben wir vor dem **Hofbräuhaus** stehen.

Nachdem wir uns ganz den ernsten Dingen des Glaubens gewidmet haben, die im Namen des Herzogs vollbracht wurden, ist es kaum vorstellbar, dass sich Wilhelm V. auch für weltliche und sogar für das körperliche Wohl betreffende Angelegenheiten interessierte. Er gründete das Hofbräuhaus im Jahre 1589, welches bis ins 19. Jahrhundert ausschließlich als Hoflieferant tätig war. Erst danach wurde das Bier der Hofbräubrauerei für alle Münchner hergestellt. Aus diesem Grund musste die Brauerei nicht nur umgebaut, sondern auch verlegt werden, da der Platz für die Massenproduktion nicht mehr ausreichte. Hier entstand ein großes Gasthaus mit der Schwemme, wie wir sie heute kennen. Die Brauerei selbst wurde nach Haidhausen verlegt. Der Hofbräukeller mit seinem schönen Biergarten am Wiener Platz jenseits der Isar ist in München gut bekannt und wird gern besucht. Hier vor dem Hofbräuhaus endet unsere Tour und wo könnte es sich besser erholen lassen als hier?

Das Hofbräuhaus wurde im 19. Jahrhundert im Stil des »bayerischen Breznbarock« erbaut.

3 Alter Hof, Residenz und Staatskanzlei

Die Regierungssitze der Bayern

- **Dauer:** 1:30 Std.
- **Route:** Burgstraße, durch den Alten Hof, Hofgraben, Maximilianstraße, Max-Joseph-Platz, Alfons-Goppel-Straße, Hofgarten, Odeonsplatz, Kaiserhof, Apothekenhof und Brunnenhof, Kapellenhof, Residenzstraße
- **Ausgangspunkt:** Marienplatz, S-Bahn-/U-Bahn-Linien U3/U6
- **Ziel:** U-Bahn-Station am Odeonsplatz (U3/U6)

Diese Tour zeigt uns den Alten Hof, die Residenz mit all ihren unterschiedlichen Fassaden und angebauten Elementen wie die Oper oder die Allerheiligen Hofkirche, ihre Innenhöfe und Gärten sowie die Staatskanzlei.

Wir beginnen unseren Spaziergang auf der Burgstraße vor der mittelalterlichen Einfahrt zum **Alten Hof**, der »Alten Residenz«. In der Einfahrt auf der linken Seite ist noch heute ein altes hölzernes Tor zu sehen. Einmal im Monat gab es den sog. »Meckertag«, an dem die Bürger dem Herzog ihr Leid klagen durften, ohne bestraft zu werden. Der Alte Hof wird auch Ludwigsburg genannt, da er von dem Wittelsbacher Herzog Ludwig dem Strengen ungefähr 100 Jahre nach der Gründung der Stadt, Mitte des 13. Jahrhunderts, erbaut wurde. Er wurde 1319 erstmalig urkundlich erwähnt.

Besonderes Augenmerk gilt dem **Affentürmchen**. Nach einer Legende soll ein Äffchen den Kronprinzen und späteren Kaiser Ludwig den Bayern, als dieser noch ein Baby war, aus seinem Bettchen genommen haben. Als die Amme das Zimmer des Prinzen betrat und laut zu schreien begann, erschrak das Äffchen aufs Heftigste und floh mit dem Knäblein aus dem Fenster hinauf auf die Turmspitze. Erst als wieder Ruhe eingekehrt war, verließ das Äffchen den Turm und brachte den Prinzen wohlbehalten zurück in seine Kammer.

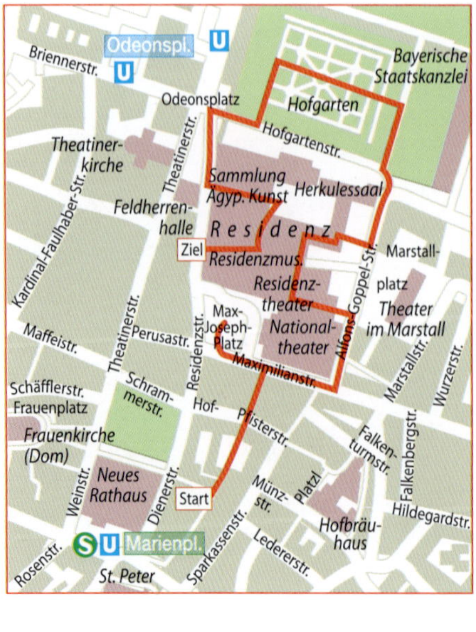

Der Alte Hof war der Sitz der Wittelsbacher, bis er zu eng und gleichzeitig zu unsicher geworden war. Nach einem niedergeschlagenen Bürgeraufstand im Jahre 1385 wurde alsbald eine Neuveste, die heutige Residenz angelegt.

Über den Hofgraben gehen wir zur Maximilianstraße, überqueren diese und gehen in die Mitte des Max-Joseph-Platzes, wo wir zu Füßen des Reiterstandbildes verweilen. Wir stehen hier vor der südlichen Fassade der **Residenz**. Sie war ein halbes Jahrtausend Sitz der Wittelsbacher Herrscher. In dieser Zeit bauten Herzöge, Kurfürsten und Könige ihren Wohn- und Regierungssitz, bis schließlich ein stattlicher Gebäudekomplex entstanden war, der heute neun Innenhöfe und über 113 Prunksäle beherbergt. Die Residenz wird auch die Herzkammer Bayerns genannt, da hier die Schätze des Landes aufbewahrt werden, nachdem sie durch die Säkularisation den Kirchen und Klöstern gewaltsam genommen worden waren.

Das Gebäude mit den großen Steinquadern, welches wir gerade vor uns sehen, gehört zu den jüngsten Bauabschnitten der Residenz und wird der **Königsbau** genannt. Er entstand 1826–1835 unter König Ludwig I. und wurde von seinem Hofarchitekten Leo von Klenze nach dem Vorbild der italienischen Palazzi Pitti und Rucellai erbaut. Wir sehen hier einen der klassizistischen Bauabschnitte vor uns.

Wir verlassen den Platz in Richtung Maximilianstraße, bleiben auf der linken Straßenseite und gehen an der Fassade der Oper entlang bis zur Alfons-Goppel-Straße, in die wir links einbiegen. Das Gebäude des **Bayerischen Nationaltheaters** wurde im Auftrag von König Max I. zwischen 1811 und 1818 als Königliches Hoftheater von dem Architekten Carl von Fischer ebenso im klassizistischen Stil erbaut.

Von der Alfons-Goppel-Straße gehen wir durch eine kleine Passage mit einer Schranke linker Hand und kommen auf einen Platz, auf dem wir eine große Kirche erblicken: Die **Allerheiligen Hofkirche**, die wiederum von König Ludwig I. in Auftrag gegeben und in den Jahren 1826–1837 von Leo von Klenze erbaut wurde. Klenze diente eine süditalienische Kirche aus Palermo als Vorlage, in der der König einer so feierlichen Christmesse beigewohnt hatte, dass er das Erlebte auf diese Weise mit nach Hause nehmen wollte. Ursprünglich war die Kirche im byzantinischen Stil reich geschmückt und bemalt. Nachdem sie im Zweiten Weltkrieg stark zerstört worden war, hat man sie erst vor

Blick vom Hofgraben aus in den Alten Hof mit dem legendären Affentürmchen

Der Kabinettsgarten mit seiner modernen Gestaltung lädt zu einer Ruhepause ein.

wenigen Jahren wieder aufgebaut. Die Verbindung der alten Bausubstanz mit neuen Steinquadern soll die Narben des Krieges für alle Zeiten der Nachwelt überliefern. Da sie nicht mehr geweiht wurde, dient sie nun als Veranstaltungsort. Gleich rechts neben der Kirche ist ein Garten angelegt, der sog. **Kabinettsgarten**, der zu einer kleinen Rast im Herzen der Stadt einlädt.

Wir gehen weiter entlang der Ostfassade der Residenz, kommen am **Kronprinz-Rupprecht-Brunnen** vorbei, benannt nach dem letzten Kronprinzen von Bayern, Sohn König Ludwigs III., und gehen weiter bis zum Hofgarten, der die Residenz nach Norden hin begrenzt.

Der **Hofgarten**, Anfang des 17. Jahrhunderts unter Kurfürst Maximilian I. (1597–1651) als italienischer Barockgarten mit reich geschmückten Blumenbeeten und schattenspendenden Bäumen angelegt, wird bis heute für Ruhepausen und gemütliche Spaziergänge genutzt. In der Mitte des Gartens steht der **Diana-Tempel**. Besonders in den lauen Sommermonaten kann man hier den Melodien von Straßenmusikanten lauschen. Die Bronzefigur auf dem Dach ist ein Sinnbild für Bayern und stellt die Reichtümer des Landes dar. Sie wird daher **Tellus Bavarica**, die »Erde Bayerns«, genannt.

Eine der vier Löwengestalten mit dem bayerischen Wappen vor den Eingängen der Residenz

Die Löwen vor der Residenz

Man sagt, durch das Streicheln der Löwennasen habe man an diesem Tag Glück und irgendwann sogar einmal die Möglichkeit, einen Teil der Reichtümer der Residenz zu erhalten. Daher kann man viele Münchner dabei beobachten, wie sie beim Vorbeigehen über die Nasen streichen.

Wenn wir Richtung Osten gehen, stehen wir gleich vor der **Bayerischen Staatskanzlei**. Sie wurde 1992 fertig gestellt. Die Architekten haben hier moderne Elemente aus Glas und Stahl mit alter Bausubstanz kombiniert und so das historische Militär- und Armeemuseum kunstvoll in einen neuen Komplex integriert, welches um 1900 entstanden war und an der Kuppel in der Mitte des Komplexes zu erkennen ist. Die Staatskanzlei ist der Sitz des Bayerischen Ministerpräsidenten und liegt nur einen Steinwurf von der Residenz der Wittelsbacher entfernt.

Wir kommen nun auf den **Odeonsplatz.** Der Odeonsplatz ist ein zentraler Ort der Stadt, an dem noch heute Kundgebungen, Feste, Versammlungen und Open-Air-Veranstaltungen (wie zum Beispiel »Klassik am Odeonsplatz« im Juli) stattfinden. Der Platz wurde in der Zeit von 1826 bis 1828 von Leo von Klenze im Auftrag König Ludwigs I. im klassizistischen Stil erbaut. Wichtige Bauwerke des Odeonsplatzes sind die Feldherrnhalle (erb. 1841–1844 von Friedrich von Gärtner) sowie die Theatinerkirche (erb. 1745–1777 von Agostino Barreli, Enrico Zugcalli und François Cuvilliés).

Vom Odeonsplatz gehen wir gleich links, entlang der Fassade der Residenz, und biegen wieder links in einen der Höfe ein, in den Kaiserhof. Der **Kaiserhof** entstand unter dem Kurfürsten Maximilian I. (1597–1651) und gehört zu der Maximilianischen Residenz. Diesen Bauabschnitt erkennt man an der Scheinarchitektur, einer Mode des 17. Jahrhunderts aus Italien, bei der die architektonischen Elemente

Der Dianatempel im Hofgarten ist ein beliebter Treffpunkt im Herzen der Stadt.

nur aufgemalt wurden. Maximilian I. war der erste bayerische Herrscher, der die Kurwürde nach München geholt hatte.
Von hier aus schlendern wir in den **Apothekenhof** und gleich rechts in den **Brunnenhof**, wo im Sommer Veranstaltungen unter freiem Himmel stattfinden.

Ruhesuchende finden im Hofgarten einen idealen Ort für eine Pause.

Der **Brunnenhof** verdankt seinen Namen dem Wittelsbacher Brunnen (1611) mit Otto von Wittelsbach als Brunnenfigur in der Mitte des Hofes. Vier Götter, die die vier Elemente, und vier weitere Brunnengestalten, die die vier großen bayerischen Flüsse symbolisieren, schmücken ihn.
Wir verlassen nun die Residenz über den lang gestreckten **Kappellenhof** und kommen wieder auf die **Residenzstraße** zurück, wo unsere Tour endet.

4 Zu den ehemals königlich bayerischen Hoflieferanten

Die etwas andere Shoppingtour

■ **Dauer:** ca. 1 Std. (je nach Schoppinglust)
■ **Route:** Ludwig Beck am Marienplatz, Dallmayr, Zehme, Huber, Eilles, Ed Meier (nahe Odeonsplatz)
■ **Ausgangspunkt:** Marienplatz S-Bahn-Haltestelle
■ **Ziel:** Odeonsplatz (U3/6, U4/5)

Bis zum Ende der Monarchie 1918 wurden Unternehmerpersönlichkeiten mit dem Titel »königlich bayerischer Hoflieferant« ausgezeichnet, die Waren oder Dienstleistungen von besonderer Qualität anboten. Viele der Firmen existieren heute noch. Wir besuchen einige ausgewählte Läden in der Innenstadt, in denen nicht der Kunde König, sondern der König Kunde war.

Wir beginnen unsere Einkaufstour am Marienplatz beim Kaufhaus **Ludwig Beck am Rathauseck**. Der Posamentiermeister Ludwig Beck richtete am 1. Mai 1861 in der ehemaligen Landschaftsgasse 1 seine Werkstätte ein. Als Posamentierer stellte er Bänder, Schnüre und Borten her sowie Quasten und Troddeln. In Bayern wurde dieser Berufszweig damals »Bandlkramer« genannt. Sein wichtigster Auftraggeber

Exquisite Handschuhe findet man bei der Firma Roeckl in der Maffeistraße.

Durch die Verkaufsräume bei Dallmayr zu schlendern, ist ein Genuss für die Sinne.

war anfangs König Ludwig II. mit seinen Königsschlössern, Prunkschlitten und seinem Galawagen. Der Erfinder des Namens »Ludwig Beck am Rathauseck« war allerdings der Textilkaufmann Gustl Feldmeier, der das Geschäft im Mai 1938 übernahm. Heute ist aus der Knopfmacher- und Posamentierwerkstätte ein »Kaufhaus der Sinne« geworden, das mit dem ursprünglichen Geschäft nichts mehr zu tun hat. Das Kaufhaus besteht aus einer ganzen Reihe von Geschäften in bester Lage: ein Strumpfhaus, ein Wäschehaus, ein gut sortiertes Musikhaus, außerdem bietet es Mode, Lederwaren, Papeterie, Kurzwaren und unter dem Titel »Dichtung und Wahrheit« sogar Literatur und Wein.

Wir folgen der Dienerstraße geradeaus weiter und gelangen schon nach wenigen Schritten zu einem der bekanntesten Hoflieferanten. In der Fernsehwerbung sieht man adrette Verkäuferinnen in gestärkten weißen Schürzen, die Prodomo-Kaffee aus handbemalten Vasen abfüllen. Dass das Delikatessengeschäft **Dallmayr** jedoch mehr als Kaffee zu bieten hat, wissen viele nicht. Ein Spaziergang durch das Geschäftslokal ist ein Genuss für die Sinne: Fisch, Meerestiere, Käse, Wurstwaren und Fleisch, Salate werden appetitlich präsentiert sowie Tee, zartsüße Confiserie und Patisserie, Weine und Spirituosen bis zu den männlich-herben Zigarren. Alois Dallmayr übernahm 1870 das ehemalige Handelsgeschäft für Spezereien (= Gewürzwaren) in der Dienerstr. 4 und nannte es »Kolonialwarengeschäft«. Als Kolonialwaren

Wer eine extravagante Kopfbedeckung sucht, wird im Hutfachgeschäft Johann Zehme sicher fündig.

bezeichnete man Waren, die man aus den damaligen Kolonien bezog: Kaffee, Tee und exotische Früchte. 1895 erwarben die Eheleute Anton und Therese Randlkofer »den Dallmayr«. Nach dem Tod ihres Mannes nur zwei Jahre später übernahm Therese Randlkofer die Geschäftsführung. Mit ihr begann der Aufstieg der Firma zum internationalen Delikatessengeschäft. Im ersten Stock des Gebäudes befindet sich das Dallmayr Restaurant, das feine, mediterrane Küche auf höchstem Niveau bietet.

Die Residenzstraße führt uns weiter zum nächsten Hoflieferanten. An der Ecke Perusastraße biegen wir nach links ein und stehen nach wenigen Metern vor dem Hutfachgeschäft Johann **Zehme**. Gegründet wurde das Geschäft 1834 im Stadtteil Lehel. Dreißig Jahre später stellt das Fachgeschäft bereits seine Kollektion an Kopfbedeckungen in sieben Schaufenstern an der Rathausecke am Fischbrunnen zur Schau. Während des Zweiten Weltkrieges wurde der Laden zweimal zerstört, zog dann in die Theatinerstraße und seit 1962 ist das Geschäft im Zechbauer-Haus in der Perusastraße zu finden. Es bietet seinen Kunden ein exklusives Angebot an Kopfbedeckungen und Accessoires wie Schirme, Hüte, Schals und Krawatten, das allen Zielgruppen gerecht wird.

Im Uhrenfachgeschäft Andreas Huber bestellte schon der Märchenkönig Ludwig II.

Wir gehen wieder zurück in die Residenzstraße und kommen an der Ecke am Uhrenfachgeschäft **Andreas Huber** vorbei, bei dem auch König Ludwig II. kostbare Prunkuhren orderte. Ein anderer ehemaliger Hoflieferant befindet sich gleich daneben: das Teegeschäft **Eilles**, das 1873 als erstes Spezialitätenhaus für feinsten Kaffee und Tee eröffnet wurde.

Zu guter Letzt schlendern wir noch am alteingesessenen Schuhhaus **Eduard Meier** vorbei, welcher nicht nur für seine maßgeschneiderten Schuhe bekannt ist, die zwar das Dreifache kosten, aber angeblich auch dreimal so lange halten. Man findet dort auch besondere Dirndl, von Hand bestickte Lederhosen, Freizeitkleidung aus Loden und Tweed sowie Zubehör für die Schuhpflege. Die Firmenbezeichnung »Eduard Meier« geht noch auf den Urgroßvater des heutigen Besitzers zurück. Der Hoflieferantentitel wurde der Firma 1895 verliehen. Die sicherlich prominenteste Kundin war Hermine, die zweite Frau des abgedankten deutschen Kaisers Wilhelm II. Außerdem ist bekannt, dass der kalifornische Gouverneur Arnold Schwarzenegger sich mit Eduard-Meier-Wanderstiefeln fotografieren ließ.

Königlich Bayerischer Hoflieferant

Wer Hoflieferant werden wollte, musste zunächst beim »Königlich Bayerischen Obersthofmeister Stab« ein Gesuch einreichen. Voraussetzung war, dass man seit mindestens sechs Jahren ein Geschäft leitete und man hatte nur Chancen, wenn man bayerischer Staatsangehöriger war. Außerdem sollte man das 30. Lebensjahr vollendet haben. Königstreue Gesinnung sowie ein makelloser Leumund waren selbstverständlich. Einmal im Jahr trat die Hoftitelkommission zusammen und begutachtete die Bewerber. Verliehen wurde der Titel von den bayerischen Königen sowie vom Prinzregent Luitpold. Wer es geschafft hatte, durfte dann das königliche Wappen im Firmenzeichen führen.

5 Der Viktualienmarkt

Schmankerl aller Art

- **Dauer:** 1 Std.
- **Route:** Viktualienmarkt
- **Ausgangspunkt:** U- und S-Bahn-Station am Marienplatz
- **Ziel:** U- und S-Bahn-Station am Marienplatz

Farbenfrohe und »duftende«, historische und wissenswerte Geschichten begleiten Ihren ganz persönlichen Spaziergang über den Viktualienmarkt.

Der **Viktualienmarkt** ist eine Hauptattraktion für jeden Touristen sowie für die Münchner selbst. Hier kommt jeder einmal vorbei: Ob zum Einkaufen oder Essen, zum Bummeln oder einfach zum Schauen, denn das Angebot ist ebenso vielseitig wie auch einzigartig. Heute gibt

es auf dem Viktualienmarkt nahezu nichts, was es nicht gäbe. Neben exotischen Gewürzen wie Chili, Ingwer oder Koriander aus Südamerika oder Asien gibt es die Sternfrucht, Papaya oder Jackfrucht aus den Tropen, Hummer und Schwertfisch aus den Tiefen des Meeres oder rund zwanzig verschiedene Sorten an Tomaten, Kartoffeln oder Salaten, Weine und Öle, Käse und Oliven aus dem mediterranen Ländern. Damit nicht genug. Die Waren werden darüber hinaus auch noch wie edle und kostbare Waren präsentiert. So sieht man kunstvoll aufgebaute Pyramiden aus Äpfeln oder Orangen, eingelegte Antipasti, Sauerkraut oder saure Gurken in hölzernen Trögen, Käselaiber so groß wie Wagenräder, gestapelt, teilweise schön portioniert und fein verpackt, hängende Knoblauchzöpfe und Chili- oder Gewürzsträuße. Es ist nicht nur ein wahrer Augenschmaus, auch andere Sinne werden angesprochen. Die Nase nimmt einen Wohlgeruch nach dem anderen wahr, teils vermischt, teils rein, aber auf alle Fälle immer verführerisch. Wer Hunger mitgebracht hat, kommt an keinem der Stände vorbei, ohne das eine oder andere zu erwerben. Auf rund 20 000 Quadratmetern bietet der Viktualienmarkt im Herzen der Stadt ein Schauspiel der Gaumenfreuden und lädt so jeden neugierigen Spaziergänger sowie genussbereiten Einkäufer ein, daran teilzuhaben.

Die Schau und die Internationalität des Warenangebots waren nicht immer so. Als der Lebensmittel- und Schrannenmarkt – die gängige Bezeichnung in Süddeutschland für Getreidemarkt – noch am heutigen Marienplatz lag, sprach man von einem kaum auszuhaltenden Chaos und Lärm, von ohrenbetäubendem Geblöke und Gegacker. Nachdem dieser Platz, der seit dem Mittelalter der Ort und das Zentrum des merkantilen Treibens der Stadt gewesen war, für all die Fuhrwerke und Stände, Marktleute und Bürger einfach zu eng geworden war, verfügte König Maximilian I. Joseph (1799–1825) mit einer allerhöchsten Entschließung, den Markt auf den Hof des Heiliggeistspitals zu verlegen. Gleichzeitig sagt man Max I. auch nach, dass die Verlegung auch eine Erlösung für den Monarchen gewesen sei. War Bayern doch durch die Gnade Napoleons (oder durch sein militärisches Machtkalkül) Königreich geworden und verlangte daher nach einer repräsentativen Residenzstadt! Dieser mochte ein derlei geschäftiges Treiben in der Innenstadt nicht gerade gut zu Gesicht gestanden haben.

Das **Heiliggeistspital** geht auf Herzog Ludwig I. (1183–1231) zurück, der das Spital im Jahre 1208 gestiftet hatte, in dem sich Augustinermönche zunächst um Pilger, später um Arme, Gebrechliche und Kranke kümmerten. Im Laufe der Zeit kamen ein Haus für allein-

Bild links: Duftende Kräuter aus aller Welt sowie Öle, saure Gurken und vieles mehr werden am Gurkeneck feil geboten.

Ein Traditionsstand: Der Lindner mit seiner reichen Käseauswahl im Herzen des Marktes

stehende Frauen, ein Heim für »Geisteskranke« sowie eine Art Alterssitz für wohlhabende Bürger hinzu.

Im Zuge der Säkularisation 1803 fiel der gesamte Spitalkomplex der Zerstörung im Auftrag des Königs zum Opfer, angestiftet durch seinen aufklärerischen Minister Graf von Montegelas. Zunächst traf es die Benefiziatenhäuser und einige Ökonomiegebäude, einige Jahre später (1828) das Bräuhaus, die Spitalschmiede, die Pfisterei sowie das Backhaus und schließlich in der Mitte des Jahrhunderts das sog. Zucht- und Arbeitshaus, eine Verwahranstalt für »soziale Problemfälle«.

Die Verlegung der Märkte geschah schrittweise. Ebenso wie der Spitalkomplex Schritt für Schritt dem Erdboden gleichgemacht wurde, zogen die verschiedenen Märkte auf dem neu gewonnen Areal ein. So fanden zunächst die Eier-, Kräutl-, Geflügel-, Wild-, Obst- und Gemüsehändler ihren Platz im ehemaligen Hof. Die Metzger verblieben auf ihrem angestammten Platz am Fuße des Petersbergl, der sog. Metzgerzeile. Die heutigen Läden gehen auf das Werk des Stadtbaumeisters Arnold Zenetti (1824–1891) zurück, der sie im neugotischen Stil, passend zum Neuen Rathaus baute. Zwischen dem Viktualienmarkt und dem Angertor wurde in der Mitte des Jahrhunderts (1849)

Die Heiliggeist-Kirche als letztes Überbleibsels des ehemaligen Spitals überragt den Viktualienmarkt.

noch eine 420 Meter lange eiserne Basilika errichtet, die als neuartiges und hochmodernes Meisterstück galt. Diese sog. Maximilians-Getreidehalle wurde später wieder teilweise abgerissen, da ihr die Anbindung an die Eisenbahn fehlte und sie daher als wertlos eingestuft wurde. Der Rest brannte 1932 ab.

Die **Schrannenhalle**, wie wir sie heute kennen und hier sehen, wurde im Jahre 2005 wieder aufgebaut. Hier wurde lediglich ein Abschnitt der alten Maximilians-Getreidehalle rekonstruiert. Unter Verwendung noch vorhandener, aber zeitweise vergessener Originalteile entstand ein moderner Glaskomplex, der die alte Gestalt der Halle nur noch erahnen lässt. Zur Wiederbelebung der Innenstadt wurde hier ein »Fress- und Eventtempel« eröffnet.

Das »Weiberspital« wurde lediglich umfunktioniert und als Kornhalle, später als Stadtwaage und Fleischbank genutzt. Doch 1885 wurde auch dieses abgerissen und so hatte der Viktualienmarkt sein heutiges Ausmaß erlangt. Die **Heiliggeist-Kirche** ist heute das letzte Überbleibsel des Spitals und grenzt den Markt nach Norden hin ab.

Auf dem Viktualienmarkt gibt es heute sechs **Brunnendenkmäler**, die alle mit dem guten Münchner Leitungswasser in Trinkwasserqua-

Unzählige Sorten von Gemüse sind auf dem Viktualienmarkt zu haben.

lität gespeist werden. Der Textilkaufmann und Vorsitzende des »Freundeskreises Münchner Volkssänger und -schauspieler« Gustl Feldmeier ergriff die Initiative zur Errichtung der ersten drei Brunnen, die Karl Valentin, Liesl Karlstadt und Weiß Ferdl gewidmet wurden. Später kamen noch die Brunnen für die Volkssänger und Komiker Ida Schumacher, Elise Aulinger sowie Roider Jackl hinzu. Daneben gibt es noch ein paar weitere kleine Brunnen ohne berühmte Namensgeber.

»Heute im Ausschank«: Im Biergarten auf dem Viktualienmarkt weiß man nie im Voraus, welches Bier angeboten wird.

Heute sind auf dem Viktualienmarkt rund 150 Händler in meist festen und teilweise flexiblen Ständen vertreten. Um die Jahrhundertwende wurden zahlreiche Stände als richtige kleine Häuschen erbaut, die bis heute sogar unterkellert sind. In den Kellern werden die Speisen frisch zubereitet bzw. die Waren im Kühlen aufbewahrt.
Das Herz des Marktes bildet der Biergarten. Hier lässt es sich zu jeder Tageszeit verweilen. Sobald die ersten Sonnenstrahlen zu sehen sind, sitzt hier der erste Gast mit seinem Weißbier oder seiner Maß und verfolgt das geschäftige Treiben auf dem Platz. Das Besondere des Biergartens ist es, mit rund 500 Sitzplätzen übrigens einer der kleineren der Stadt, dass er der einzige ist, der von allen Brauereien gleichzeitig betrieben wird. So sollten Sie immer das Schild »Heute im Ausschank« beachten, um zu sehen, welches Bier Sie gerade trinken. Hier können Sie Ihren Spaziergang gemütlich ausklingen lassen und vielleicht das eine oder andere, das Sie auf dem Viktualienmarkt erworben haben, genüsslich verzehren.

Tipp

Der **Tanz der Marktfrauen** ist der Höhepunkt des Münchner Faschings. Er findet am Faschingsdienstag offiziell um elf Uhr auf dem Münchner Viktualienmarkt statt. Inoffiziell wird aber bereits in den frühen Morgenstunden schon kräftig gefeiert. In aufwendigen Kostümen tanzen die Marktfrauen nach alter Manier. Ursprünglich nur vor ihren Verkaufsständen, teilweise sogar mit einer »grantelnden« Nachbarin, mit der man über das Jahr eigentlich kein Wort spricht, findet der Tanz heute auf einer Bühne statt.

6 Allerlei Biergeschichten

Bier – ein bayerisches Grundnahrungsmittel

■ **Dauer:** ca. 1–2 Std.
■ **Route:** Oktoberfestmuseum, Viktualienmarkt, Hofbräuhaus, Max-Joseph-Platz, Odeonsplatz
■ **Ausgangspunkt:** Biermuseum nahe S-Bahn Haltestelle »Isartor«
■ **Ziel:** Odeonsplatz (U3/U6, U4/U5)

Nach einem allgemeinen Überblick zum Thema Bier im Bier- und Oktoberfestmuseum schlendern wir über den Biergarten am Viktualienmarkt zum Hofbräuhaus, zum Max-Joseph-Platz und schließlich zum Odeonsplatz. Wir erfahren dabei viel Interessantes über den beliebten Gerstensaft.

Ausgangspunkt unseres Spaziergangs zum Thema Bier ist das **Bier- und Oktoberfestmuseum** in der Sterneckerstraße 2. Dazu gehen wir von der S-Bahn-Haltestelle Isartor durch das Tal in Richtung Marienplatz. Nach etwa 150 Metern zweigt links die Sterneckerstraße ab. Oberbürgermeister Ude eröffnete am 7. September 2005 dieses spezielle Museum in einem der ältesten Bürgerhäuser der Stadt. Die Geschichte des goldenen Gerstensaftes wird interessant und detailliert anhand zahlreicher Exponate erklärt. Im darüberliegenden **Oktoberfestmuseum** erfährt man alles über das größte Volksfest der Welt, zu dem jedes Jahr ca. 6 Millionen Besucher kommen, die in etwa 6 Millionen Liter Bier trinken. Auch das Museum selbst ist eine Sehenswürdigkeit. In dem restaurierten Originalbau aus dem Jahre 1327 ist noch originales Fassadenmaterial erhalten. Sehenswert ist auch die so genannte »Himmelsleiter«. Diese steile Treppe war damals üblich und führt vom Erdgeschoss bis unters Dach. Ab 17 Uhr wartet ein Bierstüberl auf die durstigen Museumsgäste, wo man sich bei einem leckeren Bier und einer herzhaften Brotzeit stärken kann.

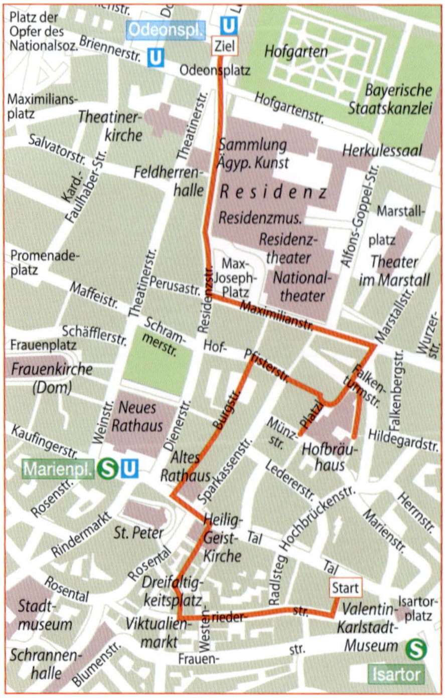

Über die Westenriederstraße gelangen wir zum **Viktualienmarkt** (s. Spaziergang 5). Weithin sichtbar ist schon der **Maibaum** – das bayerische »Traditionsstangerl« und Fruchtbarkeitssymbol. In der Nacht vom 30. April zum 1. Mai – der so genannten Freinacht oder Walpurgisnacht – müssen die jungen Burschen der bayerischen Gemeinden besonders auf ihren Maibaum aufpassen, damit er nicht gestohlen wird. Sollte es doch passieren, müssen viel Bier und Brotzeit gespendet werden, um den Baum wieder zurückzubekommen. Der Brauch ist erst

ab dem 13. Jahrhundert bekannt. Da die Maibäume heute sehr aufwändig geschmückt und dekoriert werden, bleiben sie bis zu fünf Jahren stehen und werden anschließend stückweise versteigert. Die Teile sollen im heimischen Ofen verbrannt Glück und Segen bringen. Der Maibaum am Viktualienmarkt ist eine Spende der sechs Brauereien in München, die auch im anschließenden Biergarten immer abwechselnd das Bier ausschenken dürfen. Auf einer kleinen Holztafel am Ausschank ist zu lesen, welche Brauerei gerade an der Reihe ist.

Als die Oper von München 1823 in Flammen aufging, wurde zum Teil mit Bier gelöscht.

Wir gehen wieder in Richtung Tal und sehen rechts von uns die **Heiliggeist-Kirche**, ein Überbleibsel des ehemaligen Heiliggeistspitals aus dem 13. Jahrhundert. Hier befand sich damals ein Armen- und Krankenhaus und dort wurde von den Mönchen auch schon Bier

Das Oktoberfest

Anlass für das größte Volksfest der Welt war eine Hochzeit. Kronprinz Ludwig I. vermählte sich mit Therese von Sachsen-Hildburghausen im Jahr 1810. Sie luden die Münchner Bevölkerung zu ihrem Hochzeitsfest ein, das auf einer Wiese (der heutigen Theresienwiese) außerhalb der Stadt veranstaltet wurde. Es gab Freibier für die Münchner, eine Brotzeit und ein Pferderennen. Alle waren so begeistert von dem Fest, dass man beschloss, von nun an jedes Jahr »Oktoberfest« zu feiern. Das Bier zum Fest darf nur von den Münchner Brauereien geliefert werden.

Unter schattigen Kastanien lädt der Biergarten am Viktualienmarkt zum Verweilen ein.

gebraut. Wir überqueren die Straße »Tal«, gehen links durch den Torbogen des Alten Rathauses und biegen danach rechts in die Burgstraße, die direkt zum **Alten Hof** führt. Hier hatten die Wittelsbacher ihre erste Residenz. Nach dem Hof folgen wir rechts der Pfisterstraße. An der Ecke befindet sich heute die Gaststätte Pfistermühle. Die ehemalige Mühle gehörte den Wittelsbachern. Hier wurde das Mehl für den Hof gemahlen, um Brot zu backen. Wir gehen weiter geradeaus und gelangen zum so genannten **Platzl**. Hier steht das wohl bekannteste

Der Biergarten – eine Münchner Besonderheit

Mitte des 19. Jahrhunderts erlaubte König Ludwig I. den Brauereien zum ersten Mal, das Bier direkt an das Volk zu verkaufen. Allerdings nur Bier und nichts zum Essen, um nicht in Konkurrenz mit den Gaststätten zu treten. Sie stellten Tische und Bänke unter die Kastanienbäume, die auf den Bierkellern in Haidhausen gepflanzt waren. Spätestens nach der zweiten Maß Bier wurden die meisten etwas wackelig auf den Beinen und nahmen sich schließlich eine Brotzeit von zu Hause mit. Auch heute noch ist es in einem richtigen Biergarten erlaubt, das Essen selbst mitzubringen! Der größte Münchner Biergarten ist der Hirschgarten mit ca. 9 000 Sitzplätzen.

Das Reinheitsgebot

Im Jahr 1516 erließ der bayerische Herzog Wilhelm IV. das erste Lebensmittelgesetz der Welt, um den Bierpanschern das Handwerk zu legen. Noch heute dürfen nur Wasser, Hopfen, Malz und Hefe zum Brauen verwendet werden. Früher mischten die Hausfrauen alles Mögliche ins Bier, um den Geschmack zu verfeinern, wie z.B. Ochsengalle, Tannennadeln oder Kälberfüße. Zum Probieren traf man sich beim Bierkränzchen, aus dem sich unser heutiges Kaffeekränzchen ableitet.

Haus in München: das **Hofbräuhaus**. Wie der Name schon sagt, wurde hier lange Zeit das Bier für den Wittelsbacher Hof gebraut. Heute ist es die größte Biertrinkhalle auf der ganzen Welt. Täglich werden im Durchschnitt ca. 10 000 Liter Gerstensaft ausgeschenkt. Es gehen aber nicht nur Touristen, sondern auch Münchner ins Hofbräuhaus. Verschiedene Stammtische treffen sich hier und man kann sogar seinen eigenen Bierkrug in einem Schließfach deponieren. Im ersten Stock wird jeden Tag ein Bayerischer Abend veranstaltet, wo vor allem die Touristen einen Einblick in bayerische Tänze und Bräuche erhalten.

Auf der Rückseite des Hofbräuhauses in der Neuturmstraße 3 existiert heute noch die Hofbräuhaus Kunstmühle. Im 19. Jahrhundert führte die Kunstmühle die Bezeichnung »königliche Malzmühle« und war fester Bestandteil des **Königlichen Weißen Bräuhauses** am Platzl. Heute stellt die Mühle helle Mehle aus Weizen her. 1921 erwarb Jakob Blum, ein Müller aus der Pfalz, die Mühle. Die Familie betreibt die Mühle heute bereits in der vierten Generation.

Wir gehen weiter in Richtung Maximilianstraße, biegen links ab und kommen zum **Max-Joseph-Platz**. Der imposante Bau mit den Säulen neben der Residenz ist das Nationaltheater bzw. die Oper von München. Sie wurde 1818 vom Architekten Karl von Fischer fertig gestellt. Fünf Jahre später zerstörte ein Brand im Januar das Theater bis auf die Grundmauern. Da es um diese Jahreszeit sehr kalt und das Löschwasser eingefroren war, holte man Bier aus dem nahe gelegenen Hofbräuhaus, um das Flammenmeer zu löschen. Um den Verlust wieder auszugleichen, wurde danach gleich die Biersteuer erhöht.

Über die Residenzstraße erreichen wir den Odeonsplatz, wo unsere Tour endet. Der Odeonsplatz war schon immer ein Versammlungsplatz. Auch als im Mai 1995 25 000 Münchner zum Erhalt der Biergartenkultur auf die Straße gingen, endete die »Biergartenrevolution« am Odeonsplatz. Sie erreichten mit ihrem Protest, dass die Sperrstunde für Biergärten generell auf 23 Uhr festgeschrieben wurde.

Im Hofbräuhaus kann man seinen persönlichen Maßkrug im Schließfach deponieren.

7

Von der Muffathalle bis zum Deutschen Museum

Die Errungenschaften der Ingenieure

- **Dauer:** 1:30 Std.
- **Route:** Zellstraße, Am Gasteig, Erhardstraße, Zweibrückenstraße
- **Ausgangspunkt:** S-Bahn-Station am Isartor.
- **Ziel:** S-Bahn-Station am Isartor

Auf diesem Spaziergang entdecken Sie technische Meisterleistungen und städtebauliche Besonderheiten, die rund um die Isar zu finden sind.

Wir beginnen unseren Spaziergang an der **Muffathalle** in der Zellstraße, einem der selten gewordenen Industriedenkmäler in München. Nach Plänen von Frank Karl Muffat wurde hier eine Anlage zur besseren Wasserversorgung der Stadt errichtet und 1837 in Betrieb genommen. Ende des 19. Jahrhunderts entstand hier das erste Dampfheizkraftwerk der Stadt. Die Heizkessel unter den großen Turbinen wurden mit dem Wasser des Auer Mühlbachs (vgl. Spaziergang 16) gekühlt. Das Werk lieferte den Strom für die Straßenbahnbeleuchtung und für die Straßenbahn selbst. In den 70er Jahren des 20. Jahrhunderts wurde das Werk geschlossen und 1993 in eine kulturelle Veranstaltungshalle mit einem beliebten Biergarten verwandelt. Das Erscheinungsbild der Muffathalle ist durch das hohe Kes-

Das Deutsche Museum auf der Museumsinsel zwischen Cornelius- und Ludwigsbrücke.

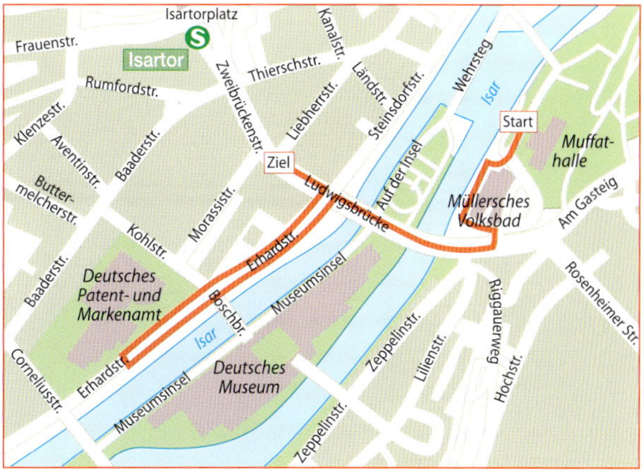

selhaus, durch die zur Isar hin errichtete Maschinenhalle sowie besonders durch den sog. Muffat-Kamin, der an ein Minarett erinnert, schon von weitem zu sehen.

Wir gehen ein paar Schritte weiter Richtung Süden und stehen vor dem **Müllerschen Volksbad**. Um einen besseren Blick darauf zu bekommen, biegen wir vor dem Gebäude rechts in einen kleinen Fußweg zwischen Isar und Volksbad, aus dem wir die wohlriechenden Essenzen aus dem Türkischen Dampfbad wahrnehmen können. Vor dem Haupteingang bleiben wir stehen. In den Jahren 1897 bis 1901 wurde es auf Initiative des Ingenieurs Karl Müller erbaut, der der Stadt 1,8 Millionen Goldmark schenkte, damit diese ein Bad für das Volk bauen konnte. Denn zur dieser Zeit hatte noch nicht jeder ein Badezimmer zu Hause und man ging in öffentliche Badehäuser. So gab es ein Damenbad mit wärmerem Wasser und ein Herrenbad mit kühlerem Nass. Im Baustil findet man Anklänge an römische Thermen und maurische Elemente sowie an den Süddeutschen Barock und Jugendstil.

Wir gehen auf die Straße »Am Gasteig« und sehen das Werk des Münchner Architektenteams Raue-Rollenhagen-Grossmann-Lindemann. Das Gebäude des **Gasteig** wurde in den Jahren von 1978 bis 1985 nach deren Plänen realisiert und stellt heute einen städtebaulichen Akzent am »garchen Steig«, was soviel heißt wie am »steilen Berg«, dar.

Das Innere ist durch Transparenz und Durchgängigkeit charakterisiert und vereint auf diese Weise sinnvoll die Vielfalt der verschiedenen und unterschiedlichen Einrichtungen des Kulturzentrums. Nach außen hin vermögen jedoch die dünnen Pfeiler und vertikalen Glasstreifen den drückenden und kompakten Eindruck des Gasteigs etwas aufzuheben, der durch das Material von Sichtbeton und Blankziegelmauern sehr dominant geraten ist und wuchtig erscheint. Die Backsteinbauweise

Architektonische Vielfalt am Müllerschen Volksbad: Maurische Elemente vereinen sich mit Jugendstil und bayerischem Barock.

Eingang in das Deutsche Museum über die Zenneckbrücke

des Gasteigs weist auf das Lehmvorkommen des Stadtviertels Haidhausen hin, weswegen sich hier seit dem Mittelalter viele Lehmbrennereien und Ziegeleien angesiedelt hatten. Die kulturellen Institutionen im Gasteig sind Philharmonie, Richard-Strauss-Konservatorium, Stadtbibliothek und Volkshochschule.

Wir gehen weiter in die Zweibrückenstraße und überqueren die Isar. Das **Deutsche Museum** ist unser nächstes Ziel. Es wurde in der Zeit von 1908 bis 1935 von Gabriel von Seidel auf der ehemaligen Kohleninsel zwischen Cornelius- und Ludwigsbrücke als mehrteiliger Gebäudekomplex errichtet. Initiator war der Ingenieur Oskar von Miller, ein Münchner Bauingenieur, der zu dieser Zeit bereits einige Errungenschaften auf technischem Gebiet vorzuweisen hatte. Ihm gelang beispielsweise schon im Jahre 1882 die erste Übertragung von elektrischem Strom über eine Strecke von rund 60 Kilometern. Die Teststrecke verlief von Miesbach nach München. 1891 überbot er seine damalige technische Meisterleistung, indem er 20 000 Volt Drehstrom über die lange Distanz von 176 Kilometern von Lauffen am Neckar nach Frankfurt am Main schaffte. Dies bedeutete den Durchbruch der Wechselstromübertragung. Von 1918 bis 1924 war er darüber hinaus Projektleiter des damals weltgrößten Speicherkraftwerkes am Walchensee. Und schließlich trieb er den Aufbau eines gesamtbayerischen Stromversorgungsnetzes voran, woraus sich später das Bayernwerk entwickelte.

Zur Grundsteinlegung des Deutschen Museums am 13. November 1906 war sogar der deutsche Kaiser Wilhelm II. zugegen. Die Adler auf den Giebeln des nördlichen Gebäudeabschnitts erinnern noch heute daran. Obgleich das Deutsche Museum viele Nachahmer in aller Welt fand, ist es nach wie vor einmalig in seiner Art. Auf über 50 000 Quadratmetern und in rund 40 Abteilungen sind ungefähr 17 000 Objekte, teils als Exponate, teils interaktiv, zu besichtigen und zu erleben. Das Deutsche Museum hat außerdem mehrere Außenstellen: Im **Verkehrszentrum** auf der Theresienhöhe wird alles zum Thema Fortbewegung, Verkehr und Reisen auf dem Boden gezeigt. Die Sammlung der Landverkehrsexponate spannt den Bogen von der Bewegung auf den eigenen Füßen bis hin zur technischen Entwicklung von Motoren, beispielsweise für den Renn- und Motorsport. Die **Flugwerft** in Schleißheim ist eine umfassende Luftfahrtausstellung mit über 50 Flugobjekten, Flugzeugen, Hubschraubern und sogar Raketen.

Erfinder und Unternehmen können beim Europäischen Patentamt zentral Patente anmelden.

Wir überqueren die Ludwigsbrücke, biegen dann links in die Erhardstraße ein und stehen vor dem **Europäischen Patentamt**. Diese europäische Institution verwaltet seit 1979/80 die Patente der gesamten Europäischen Union. In den umgebenden Grünanlagen sind Großplastiken europäischer Künstler zu sehen, wie beispielsweise der Gusseisenbrunnen an der Corneliusstraße von Eduardo Paolozzi.

Wir gehen wieder zurück zur Zweibrückenstraße und biegen noch einmal links ab. Der rote Backsteinbau auf der linken Straßenseite ist das **Deutsche Patent- und Markenamt** und gleichzeitig das letzte Ziel dieses Spaziergangs. Dieses Amt ist eine Bundesoberbehörde im Geschäftsbereich des Bundesministeriums der Justiz. Am 25. Mai 1877 als Kaiserliches Patentamt gegründet, wurde im Juli desselben Jahres bereits das erste Patent für ein Verfahren zur Herstellung einer roten Ultramarinfarbe erteilt. Die erste Marke soll im Oktober 1894 für einen Berliner Lampenproduzenten eingetragen worden sein.

Mit der Betrachtung der Darstellung eines bahnbrechenden Experimentes an der Fassade des Deutschen Patentamtes, den »Magdeburger Halbkugeln«, endet unser Spaziergang.

Die Magdeburger Halbkugeln

An der Fassade des Deutschen Patentamtes zur Zweibrückenstraße hin sind in schwindelerregender Höhe die Magdeburger Halbkugeln von Otto von Guericke zu sehen. Er legte zwei ungefähr 50 cm große Halbkugeln so aneinander, dass sie eine Kugel bildeten. Anschließend entzog er dem so entstanden Hohlraum die Luft. Der Luftdruck, der nun von außen auf die Kugelhälften wirkte, drückte sie so stark zusammen, dass sie sich nicht einmal mit 16 Pferdestärken auseinanderziehen ließen.

8 Ein Spaziergang an der Isar

Isaria – die Rasende

■ **Dauer:** ca. 1 Std.
■ **Route:** Vater-Rhein-Brunnen, Alpines Museum, Praterinsel, Maximiliansbrücke, Max-II.-Denkmal
■ **Ausgangspunkt:** Ludwigsbrücke; S-Bahn-Haltestelle »Isartor«, Tram 18 bis Deutsches Museum
■ **Ziel:** Max-II.-Denkmal, Tram 17 oder 19

Diese Tour führt uns von der Ludwigsbrücke zur Maximiliansbrücke ein Stück an der Isar entlang. Wir erfahren dabei, wie wichtig der Fluss für die Entwicklung der Stadt schon immer gewesen ist.

Wir starten unsere Tour an der Straßenbahnhaltestelle »Deutsches Museum«, die sich auf der geschichtsträchtigen **Ludwigsbrücke** befindet. Hier fing alles an, denn dieser strategisch günstige Ort für einen Brückenbau über die Isar war der Grund dafür, dass München mit 1,2 Millionen Einwohnern heute die drittgrößte Stadt in Deutschland ist.

Etwas nördlich von München bei Unterföhring befand sich im 12. Jahrhundert die einzige Brücke über die Isar in dieser Gegend. Sie gehörte dem Bischof von Freising, der fleißig Zölle von den Händlern kassierte, die sie benutzten. Als Heinrich der Löwe (1129–1195) Herzog in Bayern wurde, ließ er die Brücke zerstören und baute eine neue Brücke ungefähr dort, wo sich heute die Ludwigsbrücke befindet. Er steckte sich die Einnahmen in die eigene Tasche, woraufhin sich der Bischof beim Kaiser Friedrich Barbarossa beschwerte. Dieser erließ am 14. Juni 1158 einen Schiedsspruch, der besagte, dass Heinrich die Brücke behalten dürfe, jedoch ein Drittel der Einnahmen an den Bischof abtreten müsse. Dieser so genannte »Augsburger Schied« gilt heute als Gründungsdatum Münchens.

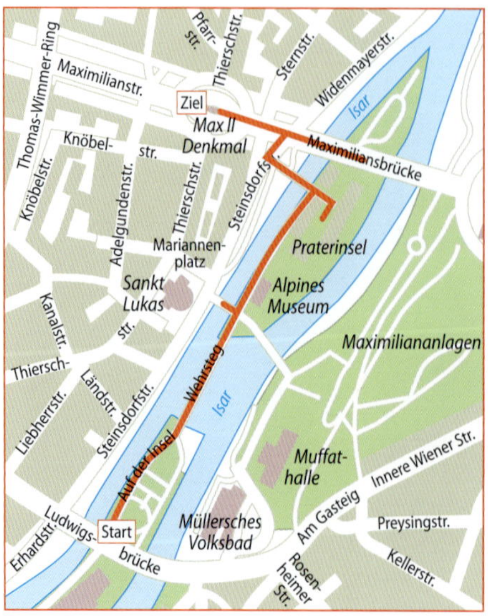

Auf der rechten Brückenseite führen Treppen zum **Vater-Rhein-Brunnen** hinunter. Ursprünglich wurde dieser Brunnen 1903 in der Stadt Straßburg aufgestellt. Geschaffen hat ihn der Münchner Künstler Adolf von Hildebrand. Nach dem Ersten Weltkrieg marschierten die Franzosen in Straßburg ein und ließen den Brunnen entfernen. Erst Jahre später, nämlich 1932, tauschte München die Brunnenfigur gegen ein Gemälde ein und ließ den Brunnen an der heutigen Stelle neu errichten.

Wir folgen geradeaus dem so genannten Wehrsteg, der diese Insel mit einer zweiten Insel verbindet. Links von

Flößerei auf der Isar

Bevor die Eisenbahn erfunden wurde, war die Isar ein wichtiger Verkehrsweg aus den Alpen nach München. Früher baute man die Häuser meist aus Holz und heizte auch damit. Die Baumstämme wurden auf Flößen aus den waldreichen Alpen nach München transportiert. Allein für den Dachstuhl der Frauenkirche benötigte man angeblich 147 Flöße mit Holz! Aber auch andere Waren wie Wein, Bier, Obst und Kalk kamen per Floß in die Stadt. Es gab zwei Anlegeplätze für die Flöße. Einer war gleich am Anfang des Wehrstegs links auf der anderen Uferseite. Ab dem 17. Jahrhundert wurden auch Fahrgäste mitgenommen. So konnte man auf dem Floß in etwa neun Tagen von München nach Wien reisen.

uns fließt der Isarkanal, der östlich von Moosburg wieder in die Isar mündet. Mitte des 19. Jahrhunderts beschloss man, den Flusslauf der stürmischen Isar zu regulieren und zwängte sie in ein Betonkorsett. Dadurch wurde das Gebiet links von ihr – der heutige Stadtteil Lehel – trocken gelegt und konnte sich somit zu einem sehr repräsentativen Viertel entwickeln.
Am Ende des Wehrstegs führt nach links die Mariannenbrücke zur Steinsdorfstraße. Wir gehen bis zur Mitte der Brücke und schauen nach rechts zum Wasser hinunter. Hier sieht man, wo der Eisbach aus dem Isarkanal abgeleitet wird, unter dem Stadtteil Lehel ver-

Bei schönem Wetter kann man auf den Kiesbänken der Isar die Seele baumeln lassen.

Der Brückenheilige St. Nepomuk

Der heilige St. Nepomuk

Der Prager Domherr Johannes von Nepomuk hatte sich bei König Wenzel IX. unbeliebt gemacht. Der König wollte unbedingt wissen, was seine Frau Sophia ihm in ihrer Beichte anvertraut hatte. Als Johannes sich weigerte, das Beichtgeheimnis zu brechen, ließ der König ihn 1393 foltern und in die Moldau werfen. Die Leiche wurde schnell gefunden und in St. Veit in Prag begraben. Viele Jahre später fand man angeblich heraus, dass seine Zunge immer noch unversehrt erhalten geblieben war, woraufhin er später heilig gesprochen worden war. Seitdem gilt St. Nepomuk als Brückenheiliger.

schwindet und schließlich unter der Brücke an der Prinzregentenstraße wieder hervorschießt. Direkt vor uns ragt ein imposanter Kirchenbau auf – die **St.-Lukas-Kirche**. Bayern war immer streng katholisch. Anfang des 19. Jahrhunderts kam die erste Königin – Karoline von Baden – nach München. Sie war jedoch Protestantin und so fing man an, auch evangelische Kirchen in der Stadt zu bauen.

Wir gehen wieder zurück und biegen nach der Brücke nach links ab und befinden uns auf der so genannten Praterinsel. 1907 beschloss der Alpenverein, ein Museum an dieser Stelle zu gründen. Wir werfen einen Blick in den Garten des **Alpinen Museums**, der sich gleich auf der rechten Seite befindet. Die Steinblöcke hier sind Beispiele der Gesteinsarten, die in den Alpen vorkommen. Dazwischen sitzt ein »Bergsteiger«, der sich ein wenig ausruhen möchte. Sehr schön gelegen ist auch das Café, das hier im Garten zu einer entspannten Kaffeepause einlädt. Unterhalb des Museums liegen im Sommer viele Sonnenanbeter auf den Kiesbänken und erfrischen sich zwischendurch im kühlen Nass.

Wir gehen am Museum vorbei und sehen rechts von uns einen großen gelben Gebäudekomplex, den wir uns genauer anschauen wollen. Nach dem Gebäude gelangen wir rechts in den Innenhof der Anlage. Hier befindet sich das so genannte **Aktionsforum Praterinsel**. Das Wort Prater kommt aus dem Lateinischen und bedeutet prato = Wiese. Früher nutzten die Franziskanermönche die Isarinsel als Erholungsgarten und zur Pflanzung von Frühbeeten. Aus einem kleinem Bierausschank mit Würstelbude entstand der beliebte **Prater**, ein Vergnügungsplätzchen für alle Bevölkerungsschichten. 1867 wurde die Wirtschaft an Anton Riemerschmidt verkauft, der hier eine Likörfabrik errichtete. Ende der 1990er Jahre wurde die Produktion nach Erding verlegt. Ein Privatmann kaufte das Gelände und gründete hier das so genannte **Aktionsforum Praterinsel**. Einige der Räume sind an Künstler vermietet und es finden hier die unterschiedlichsten Veranstaltungen statt, z. B. wird

im Sommer Tango und Salsa getanzt.
Wir verlassen den Innenhof wieder und gehen geradeaus über die Brücke vor uns. Kurz vor Ende der Brücke steht auf der rechten Seite die Heiligenfigur des **St. Nepomuk**.
Nach der Brücke gehen wir gleich wieder rechts und gelangen zur **Maximiliansstraße**. Hier gehen wir rechts über die Brücke und bleiben in der Mitte der Brücke einen Augenblick stehen. Wenn man nach links schaut, kann man über den Bäumen den **Friedensengel** in der Sonne glänzen sehen (s. Spaziergang 14). Im Jahre 1870/71 herrschte Krieg zwischen Preußen und Frankreich, den die Preußen gewannen. Als 25 Jahre später immer noch Frieden zwischen den beiden Ländern herrschte, wurde der Engel auf der Säule als Zeichen des Friedens errichtet.
Am Ende der Maximilianstraße steht das beeindruckende **Maximilianeum** (s. Spaziergang 9) auf der Isarhochterrasse. Das rechts angrenzende Stadtviertel heißt **Haidhausen**. Hier wohnten früher die armen Leute, die nicht genug Steuern zahlen konnten, um in der Stadt leben zu dürfen. Da der Boden dort sehr lehmhaltig war, errichtete man zahlreiche Ziegeleien. Der Ziegelstein war für lange Zeit das wichtigste Baumaterial in München.
Wir spazieren nun die Maximilianstraße wieder stadteinwärts und erreichen so das Ende unserer Tour an der Trambahnhaltestelle »Max-II. Denkmal«.

Der Wehrsteg bildet den Übergang zwischen Isarkanal und Isar.

Zurück zur Natur

Im Frühjahr 2000 wurde damit begonnen, die Isar zu renaturieren. Das Gebiet zwischen der Braunauer Eisenbahnbrücke und der Stadtgrenze im Süden wurde völlig umgestaltet. Um ein naturnahes Flussbett schaffen zu können, entfernte man die Betonverbauungen. So genannte »Fischtreppen« erleichtern den Fischzug in beide Richtungen und bei Hochwasser bildet die Isar sogar an manchen Stellen wieder neue Kiesinseln und Seitenarme, die zum Sonnenbaden einladen. Außerdem wurden die Kläranlagen südlich von München aufgerüstet, so dass die Isar wieder je nach Witterungslage Badewasserqualität erreichen kann.

Im Garten des Alpinen Museums sitzt ein »Bergsteiger« und versucht sich zu orientieren.

9 Spaziergang durch das Lehel

Aufstieg aus dem Sumpf

- **Dauer:** ca. 1:30 Std.
- **Route:** Isartor, Ludwigsbrücke, Steinsdorfstraße, Mariannenplatz, Max-II.-Denkmal, St.-Anna-Platz, Bayerisches Nationalmuseum
- **Ausgangspunkt:** S-Bahn-Haltestelle »Isartor«, Tram 18 bis Deutsches Museum
- **Ziel:** Bayerisches Nationalmuseum (Bus 100)

Das Überschwemmungsgebiet der Isar war früher ein Armeleuteviertel vor den Toren der Stadtmauer. Als die Isar kanalisiert wurde, entwickelte sich das Viertel zu einem sehr repräsentativen Stadtteil und beliebten Wohnviertel mit wunderschönen Gründerzeitbauten.

Wir starten unsere Tour am Isartor, einem der noch erhalten gebliebenen Stadttore des ehemaligen Mauerringes aus dem 14. Jahrhundert, und spazieren durch die Vorstadt – das **Lehel** (sprich: Lechl). Zunächst folgen wir der Zweibrückenstraße in Richtung Isar und biegen vor der Ludwigsbrücke links in die Steinsdorfstraße. An der Ecke Ländstraße befindet sich am Haus ein Hinweisschild, dass hier früher der Gasthof »Grüner Baum« zu finden war. Seinen Namen hatte er einer mächtigen Linde zu verdanken, die allerdings einem Sturm zum Opfer fiel. Die Gaststätte lag idyllisch direkt an der ehemaligen Floßlände und war ein beliebtes Ausflugsziel, nicht nur wegen des süffigen Tölzer Bieres. Als 1886 die Isarpromenade angelegt wurde, war die alte Flößerwirtschaft im Weg und wurde abgerissen.

Wir gehen noch ein Stück geradeaus weiter, bis wir vor uns auf der linken Seite den imposanten Bau der **Kirche St. Lukas** am Mariannenplatz aufragen sehen. Sie wurde 1896 errichtet und war die dritte evangelische Kirche, die man in München baute. Nach dem Mariannenplatz folgen wir rechts der Thierschstraße, bis wir auf die Maximilianstraße treffen. In der Mitte der Kreuzung steht das so genannte **Maxmonument**. Es erinnert an den bayerischen König Max II., der auf seine Prachtstraße hinunterblickt, die er Mitte des 19. Jahrhunderts anlegen ließ. Er war es auch, der Wissenschaftler aus dem Norden in sein Königreich holte, um den Fortschritt in Bayern voranzutreiben. Direkt hinter ihm auf der Isarhochterrasse ragt ein beeindruckendes Gebäude auf: das **Maximilianeum**. Hier ist eine Studienstiftung untergebracht und es ist auch Sitz des **Bayerischen Landtags.** König Maximilian II. ließ 1857 den Grundstein für das Gebäude legen. Er beauftragte den Architekten Friedrich Bürklein, der es im so genannten Maximilianstil fertigstellte.

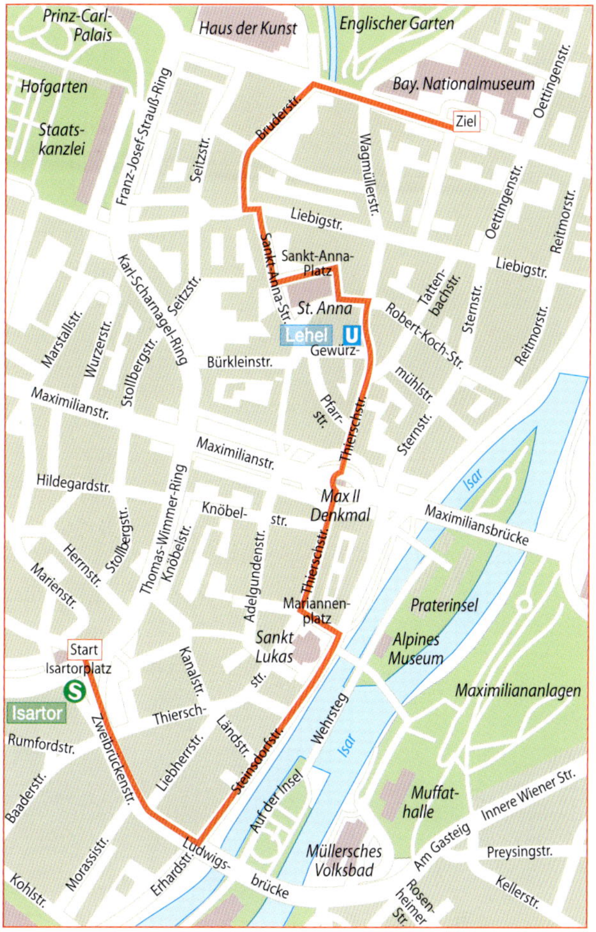

Im Maximilianeum werden heute besonders begabte bayerische Schüler gefördert. Noch heute bietet es 42 Studienplätze für gebürtige Bayern, die im Abitur einen Notendurchschnitt von 1,0 erreichen und noch verschiedene andere Tests bestanden haben. Als Maximilianeer genießt man freie Kost und Logis und man studiert ganz normal an den Universitäten in München. Übrigens dürfen sich erst seit 1980 auch Frauen dort bewerben! Einer der bekanntesten Maximilianeer war der bayerische Ministerpräsident Franz Joseph Strauß.

Wenn wir dem Blick von Max II. in Richtung Innenstadt folgen, sehen wir auf der linken Seite das **Völkerkundemuseum** und gegenüber die **Regierung von Oberbayern**, einen stattlichen Amtssitz für die Bezirksverwaltung.

Wir überqueren die Maximilianstraße und folgen weiter der Thierschstraße. Direkt an der Ecke auf der linken Seite befand sich früher die **Kleine Komödie**, ein Boulevardtheater, auf deren Bühne viele Berühmtheiten gestanden haben, wie z. B. Rudolph Mooshammer, bis zu seinem Tod eine der schillerndsten Münchner Persönlichkeiten. Heute ist dort das **GOP. Varieté-Theater München** untergebracht. Moderne Künstler zeigen hier ihr Können und beweisen, dass das heutige Varieté Hand in Hand geht mit der Tradition der klassischen Körperkunst. Der Bau gegenüber beherbergt seit 1877 das **Wilhelmsgymnasium**, die älteste Münchner Bildungsanstalt. Benannt wurde es nach dem Gründer Herzog Wilhelm V., der ein Jesuitenkolleg in der Neuhauser Gasse errichten ließ, um den adeligen Nach-

Bild links: Bayerisches Kunsthandwerk aus neun Jahrhunderten sieht man im Bayerischen Nationalmuseum.

St. Lukas – eine imposante Kirche

Die erste Königin von Bayern, Königin Karoline, war Protestantin und so begann man im ehemals streng katholischen Bayern auch evangelische Kirchen zu errichten. Übrigens führte sie auch den Christkindlmarkt und den Christbaum in München ein. Mit dem Bau der Lukaskirche wurde der Architekt Albert Schmid betraut, der bereits die Börse, das Kustermannhaus und die ehemalige Synagoge am Lenbachplatz gebaut hatte. Er orientierte sich am Übergangsstil des 13. Jahrhunderts, d. h. als die späte Romanik bereits gotische Elemente aufwies. In der riesigen Kirche mit 1 700 Sitzplätzen werden viele Konzerte gegeben. Da die Akustik in der imposanten Kuppel nicht die beste war, erfand der Dirigent Celibidache so genannte Schallsegel, die mit Flaschenzügen hochgezogen wurden, um den Schall zu dämpfen.

wuchs auszubilden. So manche Berühmtheit hat hier die Schulbank gedrückt, wie z. B. die Schriftsteller Ludwig Thoma oder Lion Feuchtwanger. Auch Konstantin Wecker besuchte diese Schule.
Wir biegen links in die Pfarrstraße ein, gehen bis zur U-Bahnhaltestelle Lehel und kommen dahinter direkt zum **Kloster St. Anna**, dem geistlichen Zentrum der Vorstadt. Hier war die erste Rokokokirche Altbayerns. Als die Klosterkirche für die wachsende Bevölkerung zu

Kleine Läden verführen im Lehel zum Stöbern.

Das »Tattenbach« – eine der vielen netten Kneipen im Stadtteil Lehel.

klein geworden war, errichtete man gegenüber die Pfarrkirche St. Anna. Garbriel von Seidel baute sie im neuromanischen Stil und 1892 wurde sie eingeweiht. Nach ihrer Zerstörung während des Zweiten Weltkrieges wurden Kloster und Kirche nach alten Plänen rekonstruiert.

Über die St.-Anna- und Bruderstraße kommen wir zur Prinzregentenstraße, die das Lehel seit dem Ende des 19. Jahrhunderts zerschneidet. Wir gehen rechts und sehen gegenüber den riesigen Bau des **Bayerischen Nationalmuseums**. Es beherbergt bayerisches Kunsthandwerk aus neun Jahrhunderten und zeigt im Keller eine umfangreiche Krippensammlung mit Exponaten aus ganz Europa. Das Besondere an diesem Museum ist, dass jeder Raum entsprechend der Zeit, aus der die Exponate sind, gestaltet wurde. Vor dem Museum sitzt der Prinzregent Luitpold hoch zu Ross und betrachtet seine Prachtstraße. Früher erstreckte sich hier der Holzgarten, wo das Brennmaterial vor allem für den Hof gelagert wurde. Als man an der Wende zum 20. Jahrhundert dazu überging, mit Kohle zu heizen, benötigte man diesen Platz nicht mehr und konnte dort das Museum bauen.

Hier endet unsere Tour durch eines der beliebtesten Stadtviertel Münchens. Auch die Prominenz weiß dieses Viertel zu schätzen, wie z. B. der Schauspieler Erol Sander, der hier wohnt. Das Lehel bietet durch die Nähe zur Innenstadt, zu Isar und zum Englischen Garten ein hohes Maß an Lebensqualität. Viele kleine Geschäfte und nette Kneipen sind ebenfalls hier zu finden.

Straßennamen erzählen Geschichte

Früher durchzogen zahlreiche Bäche das Lehel. Hier wurde die Wäsche für den Wittelsbacher Hof gewaschen, Gerber und viele andere Handwerker nutzten das Wasser. Nahe der »Ländstraße« befand sich die Floßlände. Über den Triftkanal (= heutige Trifstraße) wurden die Holzstämme von der Isar zum Holzlagerplatz vor dem heutigen Bayerischen Nationalmuseum geleitet. Auch eine Gewürzmühle (= Gewürzmühlstraße) stand am Ufer.

10 Vom Japanischen Teehaus zum Chinesischen Turm

Auf asiatischen Spuren im Englischen Garten

- **Dauer:** ca. 1 Std.
- **Route:** Haus der Kunst, Japanisches Teehaus, Monopteros, Chinesischer Turm
- **Ausgangspunkt:** Haus der Kunst (Bus 100)
- **Ziel:** Chinesischer Turm, Tram 17 Haltestelle »Tivolistraße«

Der Biergarten am Chinesischen Turm im Englischen Garten ist ein beliebter Treffpunkt der Münchner und Touristen.

Im ehemaligen Jagdrevier der Wittelsbacher vergnügen sich heute bei schönem Wetter die Münchner und Touristen. Hier wird gejoggt, geradelt oder einfach nur gefaulenzt.

Ausgangspunkt unseres Streifzuges durch den Englischen Garten ist das **Haus der Kunst**, in dem heute unterschiedliche Ausstellungen stattfinden. Ursprünglich ließ Adolf Hitler das Gebäude als »Haus der Deutschen Kunst« errichten, um dort sein Kunstverständnis zu präsentieren.

Nach dem Zweiten Weltkrieg nutzten die Amerikaner die Kunsthalle aufgrund der Raumhöhe zunächst als Basketballhalle. Sie richteten sich auf der Rückseite des Gebäudes ein Offizierskasino ein, das sich im Laufe der Zeit zur angesagtesten Diskothek Münchens entwickelte.

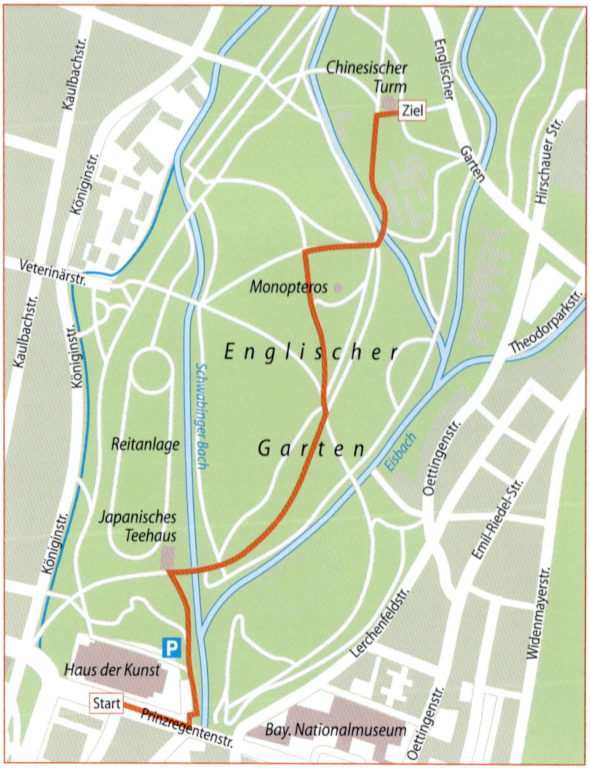

Kleine Bäche schlängeln sich durch den Englischen Garten.

Der strengste Türsteher der Stadt entscheidet Abend für Abend, wem hier Einlass gewährt wird. Die Münchner Prominenz, berühmte Schauspieler, Fußballer und solche, die es werden wollen, verkehren im so genannten »**P1**«, wobei »P« einfach die Abkürzung des Straßennamens ist: Prinzregentenstraße.

Rechts neben dem Gebäude schießt der **Eisbach** in Form einer großen Welle unter der Brücke hervor in den Englischen Garten. Bei Wind und Wetter treffen sich hier begeisterte Surfer, die versuchen, sich möglichst lange auf der Welle zu halten. Wir folgen dem Weg am Eisbach entlang und sehen nach wenigen Metern vor uns auf einer kleinen Insel ein weiteres Gebäude: das **Japanische Teehaus**. Anlässlich der Sommerolympiade 1972 schenkte Japan dieses Teehaus dem Freistaat Bayern. Von April bis Oktober kann man an bestimmten Wochenenden erleben, wie eine japanische Teezeremonie abläuft. Nach dem Teehaus überqueren wir die Brücke und wenden uns unmittelbar danach nach rechts. Auf dem Kiesweg schlendern wir ge-

Das Haus der Kunst

Nur wenige Tage nach der ersten Ausstellung im Haus der Deutschen Kunst fand in der Galeriestraße 4 am Hofgarten die von den Nazis organisierte Ausstellung der so genannten »Entarteten Kunst« statt. In beengten räumlichen Verhältnissen wurden Meisterwerke der Deutschen Impressionisten, des Blauen Reiters, der Brücke und des Expressionismus gezeigt und öffentlich verhöhnt. Die Ausstellung stieß jedoch auf weitaus größeres Interesse bei der Münchner Bevölkerung als die Exponate in Hitlers Kunsthaus.

Das Haus der Kunst am Rande des Englischen Gartens zeigt wechselnde Ausstellungen.

radeaus durch den südlichen Teil des **Englischen Gartens**. Er wird so genannt, weil er von dem Gartenarchitekten Friedrich Ludwig von Sckell (1750–1823) wie ein englischer Landschaftsgarten gestaltet wurde. Davor wurden Gärten hauptsächlich im barocken Stil angelegt, das heißt, man ordnete Pflanzen ganz symmetrisch an und schnitt sie dekorativ zurecht. Der englische Landschaftsgarten dagegen sollte, obwohl sorgfältig angelegt, natürlich aussehen und erlaubte den Pflanzen wieder ein natürliches Wachstum. Der Park ist mit 373 Hektar eine der größten innerstädtischen Parkanlagen auf der ganzen Welt. Kurfürst Karl Theodor (1724–1799), der Ende des 18. Jahrhunderts in München regierte, ließ hier ursprünglich einen Militärgarten anlegen. Die Soldaten sollten lernen, Gemüse anzupflanzen, um sich selbst versorgen zu können. Später entstand unter der Leitung des Amerikaners Sir Benjamin Thompson (1753–1814) ein Volkspark für die Münchner Bevölkerung, der heutzutage bei schönem Wetter gerne genutzt wird.

Links vor uns zweigt ein kleiner Weg ab, der uns den Hügel hinauf zum **Monopteros** führt. Der Name kommt aus dem Griechischen und bedeutet eigentlich »nur ein Flügel«, weil er aus einem einzigen Raum besteht. Dieser kleine runde Säulentempel wurde von König Ludwig I. als Dank für die Erschaffung des Englischen Gartens errichtet und bietet einen wunderschönen Blick über den südlichen Teil des Parks. Wir spazieren den Hügel wieder hinunter, halten uns rechts und biegen am Ende des Weges nach links ab.

An schönen Sommerwochenenden kann man bereits die Klänge der zünftigen Blasmusik hören, die vom Biergarten am **Chinesischen**

Bild links: Mit der Kutscherei Holzmann kann man sich bequem durch den Englischen Garten chauffieren lassen.

Bild rechts: Vom Monopteros aus hat man einen schönen Blick über den Englischen Garten.

Turm herüberwehen. Im 18. Jahrhundert war es Mode, fernöstliche Gegenstände oder Malereien in Europa nachzumachen. Das Vorbild für den Chinesischen Turm steht im Londoner Hyde Park. Früher diente der Turm als Aussichtsturm. Inzwischen sind die Bäume jedoch so hoch gewachsen, dass man von dort oben keine Aussicht mehr hätte. Da der Turm komplett aus Holz besteht und schon ein wenig morsch geworden ist, darf man ihn nicht mehr besteigen. Die vielen Tische und Bänke rund um den Chinesischen Turm gehören zum zweitgrößten **Biergarten** in München. Mehr als 7 000 Menschen finden hier im Sommer Platz. In einem richtigen Münchner Biergarten ist es erlaubt, sich sein Essen von zu Hause mitzubringen. Daher sieht man viele Leute ausgestattet mit Tischdecke, Besteck, Geschirr und feiner Brotzeit am Tisch sitzen.

Nach einer gemütlichen Rast folgen wir dem Weg geradeaus weiter, biegen am Ende des Weges nach rechts ab und gehen die Straße entlang, die uns zur Haltestelle »Tivolistraße« der Straßenbahnlinie 17 führt. Mit ihr fahren wir zurück in die Innenstadt.

Der Kocherlball

Wer Lust hat, am zweiten Sonntag im Juli früh aufzustehen, kommt morgens um 6 Uhr zum »Kocherlball«. Im 19. Jahrhundert trafen sich im Sommer jeden Sonntag die Dienstboten der reichen Leute in aller Frühe am Chinesischen Turm, um zu frühstücken und zu tanzen. Seit 1989 lebt dieser Brauch wieder auf. Heute sind es natürlich keine »Kocherl« (Köchinnen), Laufburschen und Kindermädchen mehr, aber viele tragen alte Dienstbotenuniformen und Kleidung der damaligen Zeit.

11 Die Pinakotheken

Bildende Kunst, so weit das Auge reicht

- **Dauer:** 1:30 Std.
- **Route:** Haupteingang der Alten Pinakothek und der Neuen Pinakothek auf der Theresienstraße, Museum der Sammlung Brandhorst, Barerstraße, Pinakothek der Moderne
- **Ausgangspunkt:** Alte Pinakothek, Trambahn-Linie 27 Richtung Petuelring
- **Ziel:** Königsplatz (U-Bahn-Linie U2/U8)

Diese Tour führt uns zu den drei Pinakotheken und stellt uns dabei fast ein ganzes Jahrtausend der europäischen Kunst vor.

Unser Spaziergang beginnt vor dem Haupteingang der **Alten Pinakothek**. Das Wort »Pinax« kommt aus dem Griechischen und bedeutet so viel wie Tafel oder Holzbrett. Sie wurde im Auftrag König Ludwigs I. in der Zeit von 1826 bis 1836 erbaut. Sein Architekt Leo von Klenze war der Baumeister, der hier in Anlehnung an oberitalienische Renaissancepaläste eine neue Form des Museumsbaus entstehen ließ, der viele Besucher begeisterte. So wird erzählt, dass der russische Zar von dem Museumsbau mehr begeistert war als von den vielen darin ausgestellten Meisterwerken. Besonders habe ihn die Oberbeleuchtung mit natürlichem Tageslicht fasziniert. Die Alte Pinakothek war zur damaligen Zeit einzigartig, denn es war das erste Museum überhaupt, welches auch der Bevölkerung zugänglich war. Bis zu dieser Zeit war der Kunstgenuss nur dem Adel vorbehalten.

Das Klenzetor, Eingang in die Alte Pinakothek an der Barerstraße

König Ludwig I. gab dem Museum den Namen »Alte Pinakothek«, da hier die alten Meister ausgestellt sind. Der Großteil des Museumsbestandes ist der Wittelsbacher Sammeltätigkeit vom 16. bis zum 19. Jahrhundert zu verdanken, welche mit dem Bild der Alexanderschlacht von Albrecht Altdorfer (1528/29) begann. Schwerpunkte der Sammlung sind die deutsche Malerei der Dürerzeit mit Werken von Albrecht Dürer, Lucas Cranach und Mathias Grünewald, die altniederländische mit Roger van der Weyden und Dierc Bouts sowie die italienische Malerei der Früh- und Hochrenaissance mit Giotto di Bondone, Fra Filippo Lippi, Raffael, Leonardo da Vinci, Sandro Botticelli und Tizian, um nur eine kleine Auswahl der Künstler zu nennen. Darüber hinaus sind die flämische Malerei des 17. Jahrhunderts mit der weltgrößten Sammlung der Werke von Peter Paul Rubens, die niederländische Malerei mit Rembrandt und schließlich die höfische Malerei Frankreichs beispielsweise mit Werken von Françoise Boucher oder Jean Honoré Fragonard reich vertreten.

Wir gehen in Richtung Theresienstraße zum genau gegenüberliegenden Gebäude, zur **Neuen Pinakothek**. Sie trägt den Namen nicht, weil es sich hier um einen Neubau (1975–1981 von Alexander von Branca errichtet) handelt. Vielmehr geht der Name auf die Tatsache zurück, dass König Ludwig I. bereits Mitte des 19. Jahrhunderts die innovative Idee hatte, ein Museum für zeitgenössische, also »neue« Kunst einzurichten.

»Liegende Figur – zweiteilig« von Henry Moore (1969/70) auf der großen Wiese nördlich der Alten Pinakothek.

Die Neue Pinakothek wurde nach Plänen August von Voits durch Friedrich von Gärtner 1846–1853 erbaut. Es war ein Zwillingsbau zur Alten Pinakothek, der während des Zweiten Weltkrieges so stark zerstört wurde, dass ein Wiederaufbau nicht mehr möglich war und man sich für diesen Neubau entschied. Grundstock des Museums war die Sammlung König Ludwigs I. mit etwa 4 500 Gemälden und ca. 300 Skulpturen des 19. Jahrhunderts, vor allem Historien-, Landschafts- und Genrebilder meist Münchner Akademiemaler wie Franz von Lenbach oder Wilhelm Kaulbach. Heute sehen wir in 22 Sälen europäische Meisterwerke der deutschen Romantik, der Nazarener, des Biedermeiers, des deutschen Realismus und Histo-

Die Pinakothek der Moderne

In der Pinakothek der Moderne sind außer der Sammlung der Modernen Kunst weitere Sammlungen zu sehen. Die **Grafische Sammlung** umfasst ca. 400 000 Blätter aller Epochen der Zeichenkunst und Druckgrafik vom 15. Jahrhundert bis in die Moderne und geht ebenso auf Sammlungen der Wittelsbacher zurück.

Die **Neue Sammlung** gehört zu den führenden Designmuseen der Welt und zeigt in der permanenten Ausstellung erstmals die Geschichte des Designs von 1900 bis in die Gegenwart. Sie ist die weltgrößte Sammlung von Objekten des Industriedesigns.

Im **Architekturmuseum** ist die Sammlung des Museums sowie der Technischen Universität München untergebracht. Sie ist die größte ihrer Art in Deutschland. Sie besteht aus Zeichnungen, Entwürfen und Modellen namhafter Architekten wie beispielsweise Johann Balthasar Neumann, François de Cuvilliés, Gottfried Semper, Le Corbusier oder Günter Behnisch.

Die Statue »Aglaia« von Toni Stadler jun. aus dem Jahre 1961 am Brunnen vor der Neuen Pinakothek

rismus sowie Werke des deutschen und französischen Impressionismus, Pointellismus, Symbolismus und des Jugendstils. Dazu gehören Namen wie Wilhelm Leibl, Carl Rottmann, Carl Spitzweg, Pierre August Renoir, Edouard Manet, Claude Monet, Paul Gaugin oder Vincent van Gogh, um nur eine kleine Auswahl zu nennen.

Ebenfalls in der Theresienstraße befindet sich der Eingang zum 2009 neu eröffneten **Museum der Sammlung Brandhorst**. Nicht nur die Ausstellung der über 700 Werke zeitgenössischer Kunst, sondern auch das Gebäude lohnen einen Besuch.

Wir gehen auf der Theresienstraße in Richtung Innenstadt (also nach links) bis zur Ampel, überqueren hier die Theresienstraße und folgen rechts der Barerstraße, bis wir vor der Ostfassade der Alten Pinakothek stehen, wo wir das **Klenzetor** betrachten. Es wurde erst in den letzten Jahren restauriert und wieder in Gebrauch genommen. Heute ist es der Zugang zum Seitentrakt des Museums, in dem Wechselausstellungen meist zeitgenössischer

Der Haupteingang der Pinakothek der Moderne mit der Großplastik von Chillida Eduardo »Buscando la Luz«.

Künstler zu sehen sind. So weist das Museum der Alten Pinakothek gleich auf zweierlei Art hin zur jüngeren Schwester, zur Pinakothek der Moderne: Rein architektonisch öffnet sich das Museum durch dieses Tor zum Neubau gegenüber und inhaltlich baut es eine Brücke zu den Werken unserer Zeit.

Die **Pinakothek der Moderne**, genau gegenüber auf dem Platz der ehemaligen Türkenkaserne gelegen, wurde 2002 eröffnet. Sie wurde von dem Architekten Stefan Braunfels erbaut und provoziert seit dieser Zeit kontroverse Diskussionen. Für die einen ist der helle Sichtbeton und die stereometrische Grundform unpassend für die Vollendung des Ensembles der Pinakotheken, für die anderen liegt gerade hier der Reiz des Neuen, um das Alte zu ergänzen. Der Bau ist lichtdurchflutet und findet seine geometrische Mitte in der Rotunde, dem Zentrum des Museums: Hier sind die Informationsstellen und der Kartenverkauf. Von hier aus führen die Wege zu den vier Sammlungen, die unter diesem Dach vereint sind: Sammlung für moderne Kunst, Grafische Sammlung, Neue Sammlung sowie die Sammlung des Architekturmuseums.

Unser Hauptaugenmerk gilt der **Sammlung für Moderne Kunst**. Sie beinhaltet Bildwerke der Klassischen Moderne und der Gegenwartskunst mit den Richtungen Expressionismus, Fauvismus, Kubismus, Neue Sachlichkeit, Bauhaus, Surrealismus, Abstrakter Expressionismus, Pop Art sowie Minimal Art.

Hier vor der Pinakothek der Moderne endet unser Spaziergang. Es ist äußerst empfehlenswert, mehr Zeit für den Spaziergang einzuplanen und die eine oder andere Sammlung im Rahmen der Tour zu besuchen!

12 Der Königsplatz

Ein Handbuch der Antike

- **Dauer:** 1 Std.
- **Route:** Briennerstraße zwischen Arcis-/ Katharina-von-Bora- und Luisenstraße
- **Ausgangspunkt:** Haltestelle Königsplatz (U2/U8) oder Haltestelle Karolinenplatz, Tram 27
- **Ziel:** Haltestelle Königsplatz (U2/U8) oder Haltestelle Karolinenplatz, Tram 27

Unser Spaziergang kreuz und quer über den Königsplatz – den man nach Belieben selbst gestalten kann – führt uns nicht nur in die klassizistischen Zeiten König Ludwigs I. und seiner Architekten, sondern gleichzeitig weit zurück in die Vergangenheit der alten Griechen und Römer.

Wir beginnen unseren Spaziergang durch die Antike an der Brienner-/ Ecke Arcisstraße. Von hier aus haben wir den besten Blick über den **Königsplatz**, den wir an den großen Tempeln rechts und links sowie an den Propyläen, einem antik wirkenden Torbau, an der Stirnseite erkennen.

Die Entstehung des Platzes ist eng mit der der Briennerstraße verbunden, die ihn von Osten nach Westen durchläuft. Schon als Ludwig I. noch Kronprinz war, vergab er an Karl von Fischer den Auftrag, zusammen mit Friedrich von Sckell, Gartenarchitekt in Nymphenburg sowie im Englischen Garten, den ehemaligen Fürstenweg auszubauen und neu zu gestalten. Der Fürstenweg führte von der Stadtresidenz am Odeonsplatz zur Sommerresidenz nach Nymphenburg. Die Briennerstraße sollte durch einzelne Plätze – wie beispielsweise durch den Karolinenplatz, der nur einen Steinwurf Richtung Innenstadt entfernt ist, oder den Königsplatz – aufgelockert werden. Der **Karolinenplatz** ist nach Karoline von Baden benannt, Gemahlin des ersten bayerischen Königs Maximilian I. Joseph. Sie war nicht nur die erste bayerische Königin, sondern auch die erste Protestantin im Kreise der Wittelsbacher Repräsentanten. Der Karolinenplatz (1809–1812) ist sternförmig um den **Obelisken** angelegt und wurde dem Place de l'Etoile in Paris nachempfunden. Der Obelisk, ein Werk Leo von Klenzes, gedenkt der 30 000 bayerischen Soldaten, die wäh-

Open-Air auf dem Königsplatz

Jeden Sommer finden im Innenhof der Glyptothek Theateraufführungen klassischer Werke statt, ein besonderer Genuss, der sehr zu empfehlen ist. Der Königsplatz selbst wird im Sommer ebenfalls zur Bühne für Veranstaltungen wie Freilichtkino, Opernaufführungen, Klassik- oder Rockkonzerte.

rend des Russlandfeldzuges an der Seite Napoleons starben.
Eingebettet in die Maxvorstadt konzipierte der Architekt den Königsplatz nach dem Vorbild der Akropolis. Die klassische Strenge sollte mit dem lebendigen Grün einer Parkanlage verbunden werden. Darüber hinaus sollte hier am Königsplatz ein klassizistisches Ensemble nach griechischem Vorbild, ein Forum der Künste, ein »Athen an der Isar« entstehen. König Ludwig I. war nicht nur aus der Ferne von den alten Kunstschätzen der Antike begeistert, er reiste selbst nach Athen, um die neu entdeckten Tempel der Akropolis zu bewundern und zu studieren. Sein späterer Architekt Leo von Klenze, der die Gestaltung des Platzes in den Jahren von 1825 bis 1848 übernahm und abschloss, fertigte Studien der Bauwerke vor Ort an, die in der Neuen Pinakothek (vgl. Spaziergang 11) besichtigt werden können.
Mit dem Gesehenen im Herzen ging Klenze ans Werk und vollbrachte hier eine wahre Meisterleistung des Klassizismus, ein Baustil, der sich einerseits die griechische und römische Antike – wie hier am Königsplatz – und andererseits die italienische Renaissance – wie beispielsweise am Odeonsplatz, in der Ludwigstraße oder am Königsbau der Residenz – zum Vorbild nahm.
Gehen wir weiter auf den Platz, so sehen wir rechter Hand die **Glyptothek**. Das Wort »Glyptik« kommt aus dem Griechischen und heißt Bildhauer- und Steinschneidekunst. Die Glyptothek ist ein Museum für griechische und römische Skulpturen. Beispielsweise sind darin der Barberinische Faun aus der Zeit des Hellenismus oder die Äginaten aus der Hochzeit des klassischen Altertums ausgestellt. Die Äginaten sind die Giebelfiguren des Aphaiatempels auf Ägina. Das Museum wurde in den Jahren zwischen 1816 und 1830 errichtet und ist das älteste der Stadt und bis heute einzigartig in seiner Art.

Blick aus der Säulenvorhalle der Glyptothek über den Königsplatz auf die Antikensammlung

Auf drei großen Stufen ruht das Säulenportal mit acht Säulen, welche nach oben hin mit ionischen Kapitellen begrenzt sind. Das ionische Kapitell ist an der Volute zu erkennen, welche zur Säule hin mit einem Palmenfries verziert ist. Diese Ordnung wurde nach den in Attika siedelnden Ioniern benannt. Darüber liegen drei übereinander versetzte Streifen (sog. Faszien), die wiederum mit dem Fries (normalerweise bebildert) zum Tympanon, der Giebelfläche, führen. Dort thront die Göttin Athena.

Auf der anderen Seite des Platzes, im Tympanon der gleich gegenüberliegenden **Antikensammlung** residiert Bavaria, nicht minder erhaben. Das Gebäude war ursprünglich als Ausstellungsort für das Bayerische Handwerk von Friedrich Ziebland (1838–1848) erbaut worden. Heute können hier Kleinplastiken, Keramiken und Schmuck der griechischen und römischen Antike besichtigt werden.

Der Eingangsbereich besteht aus einem achtstufigen Sockel, der ebenso mit acht Säulen versehen ist. Die Form der Kapitelle folgt hier der korinthischen Säulenordnung und die Tempelgestaltung bis zum Giebelfries der gleichen Einteilung wie bei der Glyptothek. Die korinthische Ordnung ist eine Sonderform der ionischen Ordnung, welche sich lediglich durch die Gestalt des Kapitells unterscheidet. Charakteristisch sind hier die 16 Akanthusblätter, von denen die unteren acht einen Kranz bilden und die weiteren acht nach oben emporsteigen. Diese Form findet sich besonders in der prunkvollen Baukunst des spätrömischen Reichs wieder.

Als krönenden Abschluss in Richtung Westen sehen wir die **Propyläen** (1842–1862 von Leo von Klenze), denen das Eingangstor der Athener Akropolis als Vorbild diente. Mit ihrer Säulenhalle, bestehend aus 28 Säulen, der bemalten Decke und den dorischen Kapitellen schließen sie das antike Ensemble harmonisch ab.

Die dorische Ordnung ist die älteste ihrer Art. Sie stammt aus dem griechischen Mutterland und wurde nach einem altgriechischen Stamm benannt. Bei dieser Ordnung ist der Sockel der Säulen im Boden versenkt. Das Kapitell ist eher schmucklos und besteht aus dem bauchig ausladenden sog. Echinus sowie einer quadratischen Deckplatte. Zur Zeit der Fertigstellung des Königsplatzes waren die umliegenden Gebiete noch freies Feld und so übernahmen die Propyläen die symbolische Funktion eines Stadttores nach Westen hin.

Die Vollendung der Propyläen finanzierte König Ludwig I. nach seiner Abdankung aus eigener Tasche und schenkte sie den Bürgern der Stadt.

In der Säulenhalle der Propyläen kann das ursprünglich polychrome Erscheinungsbild der griechischen Antike studiert werden.

Schräg hinter den Propyläen in nord-westlicher Richtung steht das **Lenbachhaus**, welches Gabriel von Seidel Ende des 19. Jahrhunderts für Franz von Lenbach, einen bedeutenden Malerfürsten seiner Zeit, errichtete. Er baute das Wohn- und Ateliergebäude im Stil einer toskanischen Villa. Heute sind hier die Sammlung der Städtischen Galerie sowie die weltgrößte Sammlung des Blauen Reiters mit Werken von Wassily Kandinsky, Franz Marc und Gabriele Münter, um nur die wichtigsten Vertreter zu nennen, untergebracht.
Mit diesen Eindrücken endet unser Spaziergang wieder am Königsplatz.

Die dunkle Zeit des Königsplatzes

Als München 1933 von Hitler zur »Hauptstadt der Bewegung« erkoren worden war, wurde der Platz für Aufmärsche der Nationalsozialisten missbraucht. Zu diesem Zwecke wurde er mit Granitplatten ausgelegt und mit den zwei Gebäuden der Hochschule für Musik und Theater (Arcisstraße 12), dem Zentralinstitut der Kunstgeschichte (ZI, Katharina-von-Bora-Straße 10) und zwei Ehrentempeln (die Sockel sind noch heute an der Ecke Briennerstraße zu sehen) von dem Architekten Christian von Troost ergänzt. In der heutigen Hochschule befand sich der Führerbau – hier wurde 1938 das Münchner Abkommen beschlossen und unterzeichnet – und im ZI der sog. Verwaltungsbau der NSDAP. Der gesamte Königsplatz ist bis heute mit einer großen Bunkeranlage unterkellert. An der östlichen Seite Brienner-/Ecke Arcisstraße finden Sie eine Schautafel mit weiterführenden Detailinformationen über diese Zeit.

13 Alt-Schwabing

Kunst und Literatur um die Jahrhundertwende

■ **Dauer:** 2 Std.
■ **Route:** Münchner Freiheit, Wedekindplatz, Occam-, Haimhauser- und Ursulastraße, Biedersteiner-, Feilitzsch-, Gunezrainerstraße, Mandl-, See- und Werneckstraße
■ **Ausgangspunkt:** Platz der Münchner Freiheit, U-Bahn-Station U3/U6
■ **Ziel:** Giselastraße (U3/U6)

Um 1900 wurde Schwabing zum Zentrum der Boheme. Ob Maler, Schriftsteller oder Freigeister, man traf sich hier, um den politischen und gesellschaftlichen Zeitgeist zu diskutieren und revolutionäres Gedankengut zu pflegen.

Wir beginnen unsere Tour am **Platz der Münchner Freiheit**, Ecke Feilitzschstraße. Von hier blicken wir auf die andere Seite des Platzes, stehen also mit dem Rücken zur Feilitzschstraße, und sehen rechter Hand ein orangefarbenes Haus (Leopoldstraße 69), in dem Ludwig Thoma (1867–1921) lebte, der nicht nur für seine »Lausbubengeschichten« berühmt wurde, sondern auch bei der Satirezeitschrift »Sim-

Das Münchner Lustspielhaus in der Occamstraße 8

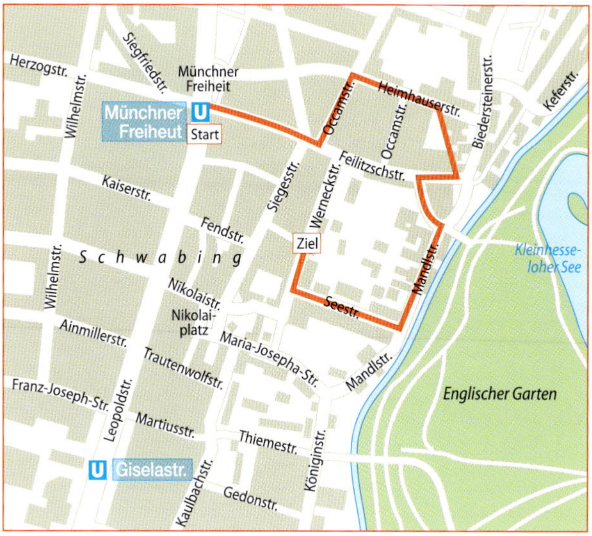

plizissimus« unter dem Pseudonym »Peter Schlemihl« mitarbeitete. Ein Stückchen weiter vor der Hausnummer 77 wurde der bekannten Volkssängerin Bally Prell (1922–1982) ein Denkmal gesetzt, mit dem sog. **Bally-Prell-Brunnen**. Mit ihrer Arie »Die Schönheitskönigin von Schneizlreuth« trat sie am Platzl auf. Ebenso verbrachte Heinrich Mann (1871–1959) einige Jahre hier in der Leopoldstraße, und zwar in der Hausnummer 61, wo heute die HypoVereinsbank untergebracht ist. Anders als sein Bruder war er ein offenkundiger Systemkritiker, was er in seinen Werken kundtat wie beispielsweise im »Untertan«, einem Hauptwerk deutscher Satire, welches zur Wilhelminischen Zeit spielte und von Kurt Tucholsky als »Herbarium des deutschen Mannes« bezeichnet wurde.
Wir folgen nun der Feilitzschstraße bis zum **Wedekindbrunnen**. Frank Wedekind (1864–1918) lebte seit 1896 fest in München und war Mitbegründer des »Simplizissimus«. Hier am Brunnen wurde eines seiner Gedichte »Des Glückes Launen« verewigt.
Von hier aus gehen wir in die Occamstraße 8, heute wie damals eine typische Schwabinger Kneipe. Hier traf sich in den 1950er und 1960er Jahren »**Bei Gisela**« die Prominenz: von Leonard Bernstein und Franz Joseph Strauß über Kirk Douglas bis hin zu Erich Kästner. Jeden Abend trat die Schwabinger Gisela in ihrem Restaurant auf die Bühne und

Der Simplizissimus

Der Simplizissimus war eine satirische Wochenzeitschrift aus dem Verlagshaus Albert-Langen, Kaulbachstraße 91, welche 1896 gegründet und deren Redaktion 1933 von der SA zerstört wurde. Thema des Blattes waren die Missstände der Zeit, welche die Autoren (u. A. Wedekind, Ringelnatz und Thoma) in Form bissiger Kritik wiedergaben, meist untermauert mit ebenso beißenden Bildern (Zeichner waren u. a. Gulbransson und Heine). Dass das Mitwirken bei diesem Blatt schwerwiegende Konsequenzen haben konnte, zeigt die Tatsache, dass die meisten Texte unter Pseudonym veröffentlicht wurden. Angriffspunkte waren beispielsweise offenkundige Gotteslästerung, Majestätsbeleidigung oder eine Abweichung von der vorherrschenden Sexualmoral. Der Treffpunkt der Redaktion war bei Kathi Kobus in der heute noch existierenden Kneipe in der Türkenstraße mit dem treffenden Namen »Alter Simpl«. Die Dogge von Thomas Theodor Heine ist hier noch immer zu sehen.

In der herrschaftlichen Villa der Feilitzschstraße 32 vollendete Thomas Mann seinen Roman »Die Buddenbrooks«.

sang. Zu ihren größten Hits gehörte »Der Nowak lässt mich nicht verkommen«, »Schwabinger Laterne« oder »Morgengrauen«. Auch Sigi Sommer (1914–1996; Schriftsteller und Journalist der SZ sowie der AZ) schwärmte von dieser Straße: »Geh mal in die Occamstraße, ein bisschen Atmosphäre einfangen!«

Wir gehen weiter bis zur Haimhauserstraße, in die wir rechts abbiegen und der wir bis zur Ecke Ursulastraße folgen, bis wir zu einer wohlbekannten Adresse kommen: der »**Lach- und Schießgesellschaft**«, die 1956 als politisches Kabarett von Dieter Hildebrandt und Sammy Drechsel gegründet worden war. Die erste Aufführung hatte am 12. Dezember 1956 Premiere und bereits ab März 1957 wurde das Programm in der ARD ausgestrahlt.

Wir gehen ein Stückchen weiter und bleiben vor der **Haimhauser Grundschule** stehen, ein Jugendstilbau der Jahrhundertwende. Hier ging der kleine Bruder von Thomas Mann, Viktor Mann, zur Schule. Man erzählt, er sei der Einzige der Mannschen Familie gewesen, der die bayerische Mundart beherrschte.

Wir durchqueren den Kirchhof der alten Schwabinger **Kirche St. Sylvester** (12. Jh.) und kommen auf der anderen Seite wieder auf die **Feilitzschstraße**. Gegenüber im Haus mit der Nummer 36 lebte Olaf Gulbransson (1873–1958), ein Zeichner des Simplizissimus, und rechts daneben in der Hausnummer 32 (heute ist hier das Restaurant »Seerose« untergebracht) war der große Schriftsteller Thomas Mann (1875–1955) zuhause. Hier schrieb er im Sommer 1900 seinen Roman »Die Buddenbrooks« fertig, für den er 1929 den Literaturnobelpreis erhielt.

Weitere Schriftsteller in Schwabing

Lion Feuchtwanger »Der Erfolg – Drei Jahre Geschichte einer Provinz«; Rainer Maria Rilke (Lyrik); Christian Morgenstern »Galgenlieder«; Joachim Ringelnatz (Lyrik und Satire); Franziska Gräfin von Reventlow »Herrn Dames Aufzeichnungen oder Begebenheiten aus einem merkwürdigen Stadtteil« (von ihr Wahnmoching genannt); Thomas Mann »Gladius Dei«; Hans Magnus Enzensberger, der heute noch hier lebt.

Hinter dem eisernen Tor liegt das Werneckschlösschen ganz im Verborgenen in einem verträumten Park.

Gleich gegenüber in der **Gunezrainerstraße** ist der rund 400 Jahre alte **Viereckhof** zu sehen, der mit dem Maibaum das Zentrum Alt-Schwabings bildet. Hier kamen um die Jahrhundertwende die Künstler zusammen, um Tiere nach lebenden Modellen zu zeichnen. Wir folgen der Gunezrainerstraße, gehen den kleinen Hügel hinab und kommen in die **Mandlstraße**, der wir bis zur Hausnummer 26 folgen. Hier lebte Alfred Kubin (1877–1959), österreichischer Grafiker, Schriftsteller und Mitbegründer der Neuen Künstlervereinigung München, einer expressionistischen Künstlergruppe, und gleich im Nachbarhaus links daneben Willi Graf (1918–1943), Mitglied der Widerstandsgruppe der Weißen Rose.

Wir folgen der Straße weiter bis zur Seestraße, in die wir rechts einbiegen, bis wir zur Werneckstraße kommen, in der wir wieder rechts weitergehen. Im **Werneckschlösschen** oder auch Schloss Suresnes genannt, lebte der Maler Paul Klee (1879–1940) in den Jahren von 1919 bis 1921. Seine Werke werden dem Expressionismus und Kubismus zugeordnet. Ebenso wie Wassily Kandinsky, der in der Schwabinger Friedrichstraße jenseits der Leopoldstraße lebte, lehrte er später am Bauhaus. Ernst Toller (1893–1939), Schriftsteller und Mitglied der Münchner Räterepublik, fand hier einen Unterschlupf (1919), nachdem er sein Versteck bei Rainer Maria Rilke in der Ainmillerstraße 34 aufgeben musste.

Das Werneckschlösschen geht auf Franz Xaver Wilhelm, einen Edelmann aus dem Gefolge des Kurfürsten Max Emanuel, zurück. Anfang des 18. Jahrhunderts ließ er sich hier einen Wohnsitz in der Nähe des Bauerndorfes Schwabing erbauen. Der Baumeister war Ignaz Anton Gunezrainer (auch Gunetzrhainer geschrieben; 1698–1764), ein Münchner Hofbaumeister des Barock.

Hier endet unser Spaziergang durch die revolutionäre Zeit »Wahnmochings«.

14 Herrschaftliche Villen in Bogenhausen

Jugendstil hoch über der Isar

■ **Dauer:** 2:30 Std.
■ **Route:** Maria-Theresia-Straße, Siebertstraße, Ismaningerstraße, Holbeinstraße, Possartstraße, Prinzregentenplatz, Prinzregentenstraße, Europaplatz
■ **Ausgangspunkt:** Bus-Linie 100 (»Museumslinie«), Haltestelle Villa-Stuck, oder Tram 18, Haltestelle Friedensengel.
■ **Ziel:** Bus-Linie 100 (»Museumslinie«), Haltestelle Villa-Stuck, oder Tram 18, Haltestelle Friedensengel.

München entwickelte sich um die Jahrhundertwende vom 19. zum 20. Jahrhundert neben Darmstadt zum zweiten Zentrum des Jugendstils in Deutschland. Wir besuchen eine kleine Auswahl von Wohnhäusern sowie kulturelle Einrichtungen von Rang und Namen.

Wir beginnen unseren Spaziergang durch den Münchner Jugendstil in der Maria-Theresia-Straße an der Hausnummer 27. Die ehemalige **Villa Bechtolsheim** ist Münchens, wenn nicht sogar Deutschlands erstes Jugendstilhaus überhaupt. Sie wurde in der Zeit von 1896 bis 1898 von Martin Dülfer gebaut. Es handelt sich hier um eine dreigeschossige Herrschaftsvilla. Besonders markant ist der erhöhte ovale Turm, welcher den fast quadratischen Grundriss etwas auflockert. Die dekorativen Stuckornamente sind nach Entwürfen von Richard Riemenschneider (Architekt der Kammerspiele in der Maximilianstraße 26/29) entstanden.

Wir gehen weiter in Richtung der Siebertstraße und kommen am sog. **Hildebrandhaus** vorbei (Hausnummer 23). Das Hildebrandhaus erbaute der Bildhauer Adolf von Hildebrand (1847–1921) nach eigenen Entwürfen Ende des 19. Jahrhunderts. Das Grundstück hatte er als eine Art Honorar für seinen Wittelsbacher Brunnen am Lenbachplatz erhalten, nachdem die monetäre Zahlung wohl etwas mager ausgefallen war. Er errichtete hier sein Wohn- und Atelierhaus im Stil südländischer Landschlösser des Barock. Heute ist hier der Sitz der Monacensia- und Handschriftenabteilung der Staatsbibliothek untergebracht.

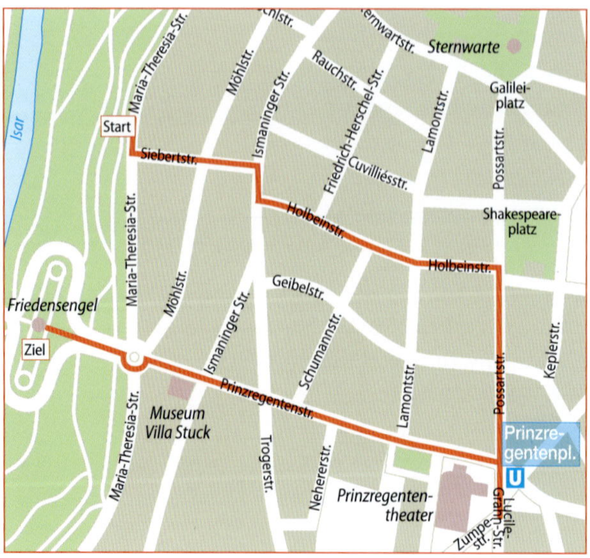

Von hier biegen wir rechts in die Ismaninger- und nach wenigen Metern wieder links in die Holbeinstraße ein, in der wir gleich mehrere Jugendstil-Wohnhäuser nebeneinander sehen können.

Die Villa Stuck in der Prinzregentenstraße ist ein Prachtstück des Jugendstils in Bogenhausen.

Die **Holbeinstraße** wird zu Recht als eine der schönsten Jugendstil-Straßen der Stadt bezeichnet. Besonders auffallend ist der Mosaikdekor in kräftigen, bunten Farben mit ländlichen Szenen an der Hausnummer 3. Der Jugendstil zeigt sich durch eine reiche Variation an bunten Fassaden und Giebeln. Die gemauerten Vorgartenmauern aus solidem Stein verbinden die einzelnen Villen der Holbeinstraße 4, 6 und 8 und verleihen ihnen den Charakter eines Ensembles trotz der unterschiedlichen Fassadengestaltungen und Farbgebungen.

Martin Dülfer (1859–1945)

Er begann 1887 seine selbständige Tätigkeit als Architekt in München und war zunächst dem Baustil der Gründerzeit (Neobarock) verbunden. Um 1890 wandte er sich dem Jugendstil zu, den er mit barocken und klassizistischen Stilelementen kunstvoll kombinierte und auf diese Weise einen eigenen Stil entwickelte. Er wird als einer der Wegbereiter des Münchner Jugendstils bezeichnet. Typische Elemente seiner individuellen Art sind an der Villa Bechtolsheim zu sehen: vertikaler Riffelputz, hochrechteckige Fenster, polygonal vorspringende Erker in Verbindung mit großzügigen und schwungvollen, geometrischen sowie floralen Ornamenten.

Wir gehen die Holbeinstraße bis zum Ende. Links bietet sich der Shakespeareplatz zu einer kleinen Ruhepause an, wir gehen aber rechts in die Possartstraße bis zum Prinzregentenplatz. Dort überqueren wir den Platz und die Prinzregentenstraße und biegen vor dem Prinzregententheater links in die **Lucile-Grahn-Straße** ein, wo wir Ecke Zumpestraße stehen bleiben. Hier an diesem Eckhaus ist besonders die Ornamentik der Fassade auffallend. Das Portal ist von einem stilisierten Baum von der Krone bis in die letzte Spitze der Wurzeln umgeben, während die höheren Bereiche in Blumen und Blattwerk übergehen, in denen sich Pfauen tummeln. Schlicht in beige-weißer Farbe gehalten, wirken daher die Akzente in Dunkelrot besonders auffallend – besonders am Relief unter dem Dachfirst. Der Architekt war Johann Zitter, der sich des für München charakteristischen Elements des Riffelputzes bediente, der hier allerdings horizontal verläuft. Obgleich auch in der Lucile-Grahn-Straße mehrere Jugendstilvillen zu finden sind, gehen wir zurück zur Prinzregententraße und zum **Prinzregententheater**.
Das Theater wurde von Ernst von Possart (1841–1921) geplant. Er war seit 1895 Generalintendant der Königlichen Hofbühne unter König Ludwig II. und nahm hier das von Gottfried Semper begonnene, aber nicht vollendete Projekt wieder auf, einen Festbau für Wagner-Opern zu gründen. Offiziell war die Firma Heilmann & Littmann mit dem Bau beauftragt, Baubeginn war 1901. Es sollte hier nicht nur ein kulturelles Zentrum östlich der Isar entstehen, sondern ebenso ein Treffpunkt für die wohlhabenden Bürger, die hier zugezogen waren.
Die Fassade des Theaters folgt formal dem Neoklassizismus, weist aber in den Ornamenten Elemente des Jugendstils auf. So ist der Schriftzug »Der Deutschen Kunst« unverkennbar dem Jugendstil zuzuordnen, ebenso die aus einer Blüte aufsteigenden Elfen über den drei Bogenfenstern, die sich über den Balkon erheben. Das Prinzregententheater ist ein wichtiger Meilenstein in der Architekturgeschichte des deutschen Theaterbaus. Beispielsweise wurden Ränge weggelassen und dabei zugunsten einer optimalen Sicht auf die konventionelle Raumgestaltung verzichtet.

Wir folgen nun der Prinzregentenstraße stadteinwärts, überqueren die Ismaningerstraße und stehen vor der **Villa Stuck** (Prinzregentenstraße 60), die nach den Entwürfen des Malerfürsten Franz von Stuck 1897/98 gebaut wurde. Auch hier treffen wir die Fassade in den klaren Formen des Klassizismus an, welche wiederum mit richtungweisenden Elementen des Jugendstils aufgelockert wurde. So sieht man feine, ornamental gestaltete Figuren in der Fassadenfarbe auf blauem Grund, die sich in regelmäßigem Abstand über die Wand verteilen. Darüber hinaus wirkt der gesamte Komplex trotz seiner starken Einflüsse des Klassizismus gerade in den Details und Verzierungen dem Geist des Jugendstils verwoben.

Das **Museum Villa Stuck** ist seit 1992 ein städtisches Museum, welches die historischen Wohn- und Atelierräume Franz von Stucks zeigt. Die Sammlung der Werke Franz von Stucks wird durch Ausstellungen zu den Themen des historischen und künstlerischen Umfelds des Malerfürsten sowie der Bildenden Kunst der Zeit um 1900 ergänzt. Darüber hinaus werden regelmäßige Sonderaustellungen angeboten.

Wir gehen über den Europaplatz und stehen zu Füßen des **Friedensengels**, der 1899 aufgestellt wurde und an den Deutsch-Französischen Krieg 1870/71 erinnert. Als Friedensengel bezeichnet, blickt er siegreich gen Frankreich, denn er wurde in Form einer Nike, einer Siegesgöttin, dargestellt. Die Geste des Sieges widerspricht hier dem Namen des Denkmals. Was hiermit genau ausgedrückt werden sollte, bleibt demnach der Interpretation des einzelnen Betrachters überlassen.

Das gesamte Ensemble ist wiederum eine kunstvolle Verbindung von Klassizismus – was den Aufbau betrifft – und Jugendstil im Bereich der Verzierungen und dabei besonders in den vier Mosaiken im Sockel, in welchen auf goldenem Grund Allegorien von Krieg, Sieg und Frieden dargestellt sind.

Hier, mit einem herrlichen Blick auf den anderen Teil der Prinzregentenstraße jenseits der Isar, endet unser Spaziergang durch die Architektur einer bewegten Zeit.

Die Jugend

So hieß die Münchner illustrierte Wochenschrift für Kunst und Leben, die 1896 von Georg Hierth gegründet wurde und bis 1940 erschien. Obgleich sie Namensgeberin für den »Jugendstil« gewesen ist, lässt sich ihr Inhalt und Stil nicht auf diese eine Kunstrichtung reduzieren. Neben den typischen Ornamenten und Illustrationen fanden hier ebenso satirische und kritische Texte einen festen Platz.

Bild links oben: Das »Dülfterhaus« in der Maria-Theresia-Straße

Bild links unten: Die Elemente des Jugendstils kann man beim Friedensengel ganz besonders in den Mosaiken sowie in den Verzierungen studieren.

Eine mit bunten Mosaiksteinen verzierte Jugendstilfassade in der Holbeinstraße

15 Im Gärtnerplatz- und Glockenbachviertel

Vielfalt erleben

- **Dauer:** 2:30 Std.
- **Route:** Gärtnerplatz, Corneliusstraße, Blumenstraße, Roßmarktstraße und Pestalozzistraße
- **Ausgangspunkt:** S-Bahn-Station am Isartor, dann Tram 17/18 Richtung Sendlinger-Tor-Platz, Haltstelle Reichenbachplatz
- **Ziel:** U- und S-Bahn-Station am Sendlinger-Tor-Platz

Wir durchstreifen zwei Viertel in der Isarvorstadt, welche heute als In-Viertel gelten und die neben einer reichen Kneipen- und Kulturszene noch sehr viel mehr zu bieten haben.

Wir beginnen unseren Spaziergang am **Gärtnerplatz** vor der Büste des Namensgebers Friedrich von Gärtner (1791–1847), die auf dem Platz zwischen Reichenbach- und Klenzestraße mit Blick zur Innenstadt zu finden ist. Der Platz wurde 1860 als zentraler Punkt der neu erbauten Isarvorstadt zu Ehren Friedrich von Gärtners erbaut. Er war ab 1828 neben Leo von Klenze der Hofarchitekt von König Ludwig I., der von 1825 bis 1848 regierte. Leo von Klenze (1784–1864) ist auch hier zu finden. Er steht gegenüber mit dem Rücken zu Gärtner, was als Symbol ihrer Konkurrenz verstanden werden kann, zumal sich beide nicht gut verstanden.

Das **Staatstheater am Gärtnerplatz**, von uns aus gleich hinter dem Denkmal Gärtners zu sehen, wurde 1865 auf private Initiative als Aktien-Volkstheater gegründet und sollte ein Pendant zu den Hoftheatern sein. Da es jedoch bald in finanzielle Not geriet, machte es König Ludwig II. (1864–1886) 1872 zur dritten Hofbühne. Von Anfang an stand die damals in Mode gekommene Operette auf dem Spielplan. Heute können hier neben den klassischen Operetten auch Opern, Ballett und moderne Musicals besucht werden.

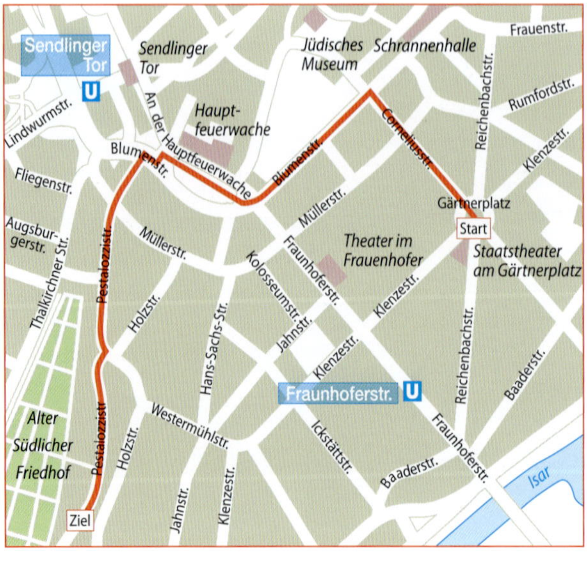

Das Gärtnerplatzviertel wird heute von einer sehr schillernden Szene, von Designern, Künstlern und vor allem jungen Leuten geprägt. Aufgrund seiner neuen Anziehungskraft durch eine reiche Kneipenkultur und gleichzeitig durch kleine Hinterhoftheater, Programmkinos und Kunstgalerien wird die Gegend südlich des Marienplatzes und zwischen Isartor- und Sendlinger-Tor-Platz zur ernstzunehmenden Konkurrenz Schwabings.

Hier reihen sich bunte und verrückte Clubs, Bars und Kneipen aneinander. Im sogenannten **Bermudadreick** oder **im rosa Viertel**, wie man die Ecke auch nennt, tummeln sich Lesben und Schwule. Aber auch Heteros sind gern gesehene Gäste. Ob in Jeans, Lack oder Leder, hier findet jeder seinen Lieblingsladen, wo er sich einfach wohlfühlen kann.

Wir verlassen den Gärtnerplatz über die Corneliusstraße, überqueren die Müllerstraße und biegen in die Blumenstraße links ein. Wir folgen der Blumenstraße bis zum **Städtischen Hochhaus**, welches auf der rechten Straßenseite über zwölf Stockwerke emporragt. Es war das erste Hochhaus der Stadt und wurde in der Zeit von 1927 bis 1929 als sog. Technisches Rathaus von dem Architekten Hermann Leitensdorfer (1886–1972) gebaut. Heute ist hier das Städtische Referat für Stadtplanung und Bauordnung untergebracht.

Auf der Straßeninsel rechts vor uns (Blumenstraße 32/Ecke An der Hauptwache) sehen wir hinter dichtem Blattwerk ein weißes Gebäude mit kleiner Säulenvorhalle, das **Marionettentheater**. Das Puppentheater wurde 1900 von Theodor Fischer für die 1858 von Josef Leonhard Schmid (auch Papa Schmid genannt) gegründete Puppenbühne mit Kasperl Larifari von Graf von Pocci in der Hauptrolle gebaut. Damals wie heute erfreut es mit einem vielfältigen Spielplan von Märchen und Geschichten bis hin zu Opernaufführungen nicht nur das junge, sondern auch das erwachsene Publikum.

Blick auf den Gärtnerplatz mit der Büste Friedrich von Gärtners im Vordergrund

Wir gehen weiter in dem kleinen Park Richtung Sendlinger-Tor-Platz und kommen zur **Alt-Katholischen Kirche**, eine Kirche, die von der römisch-katholischen Kirche unabhängig ist und im Anschluss an das Erste Vatikanische Konzil entstand.

Die Zauberflöte ist nach wie vor ein Kassenschlager des Marionettentheaters.

Wir überqueren an der Ampel die Blumenstraße, gehen über die Roßmarktstraße bis zur Müllerstraße, passieren diese und gehen schräg links in die Pestalozzistraße. Hier verlassen wir nun das Gärtnerplatz- und kommen in das **Glockenbachviertel**, einen Stadtteil, dessen Geschichte zurück in das Mittelalter reicht. Im 15. Jahrhundert lag das städtische Gießhaus außerhalb der Stadtmauer, südlich des Sendlinger Tors an einem der zahlreichen Bäche. Da hier hauptsächlich Glocken gegossen wurden, erhielt der Bach seinen Namen »Glockenbach«, welchen er dem Viertel weitergab. Die zahlreichen Bäche wurden für den Antrieb der Mühlen der unterschiedlichsten Manufakturen sowie für den Warentransport genutzt. Von den Bächen wurden die meisten ab 1966 verdolt.

Die heutige Architektur des Glockenbachviertels glänzt im herrschaftlichen Stil und erinnert eher an eine bürgerliche Vergangenheit. Doch dieser Eindruck trügt. Hier wohnten hauptsächlich die Arbeiter der zahlreichen Maschinenfabriken, die sich zur Zeit der Jahrhundertwende stark ausbreiteten und daher unzählige Arbeiter anzogen. Die Inhaber der Fabriken ließen diese Wohnhäuser für ihre Mitarbeiter bauen.

Wir folgen der Pestalozzistraße, bis sie ein Stück bergauf führt und wir links das Wasser des **Glockenbachs** plätschern hören. Auf der ande-

Die Alt-Katholische Kirche Deutschlands

Die Alt-Katholische Kirche geht auf Johann Joseph Ignaz von Döllinger (1799–1890) zurück, der der geistige Führer der katholischen Opposition gegen das 1. Vatikanische Konzil war. Es formulierte den absoluten Anspruch auf das päpstliche Primat in der Gerichtsbarkeit sowie das Dogma seiner Unfehlbarkeit. Das Konzil wurde von Papst Pius IX. im Jahre 1870 in der Peterskirche in Rom einberufen. Die katholischen Christen, die die Beschlüsse nicht annahmen, wurden exkommuniziert und gründeten in der Folge eigene Gemeinden. Die Alt-Katholische Kirche wurde im Jahre 1873 anerkannt und gilt bis heute als sehr liberale Kirchengemeinschaft.

Bild links: Blick durch die Pestalozzistraße

Idylle am Glockenbach

ren Straßenseite, zwischen den Hausnummern 50 und 52, führt ein eisernes kleines Tor in den **Alten Südfriedhof**. Er wurde 1563 als Pestfriedhof unter Herzog Albrecht V. (1550–1579) angelegt. Als unter Kurfürst Karl Theodor (1777–1799) die Friedhöfe aus der Innenstadt verbannt wurden, da sie als Seuchen- und Krankheitsherde erkannt worden waren, war der Alte Südfriedhof über rund achtzig Jahre die einzige Begräbnisstätte für die Toten aus dem gesamten Stadtgebiet. Aus diesem Grund sind hier heute viele Gräber prominenter Bürger zu finden.

Wir gehen wieder zurück zum Glockenbach, streifen durch die idyllische Parkanlage und genießen die Ruhe im Herzen der Stadt. Hier, unweit der Friedhofsmauer und inmitten der anmutigen Grünanlage des Glockenbachs, endet unser Spaziergang durch die facettenreichen Viertel des Gärtnerplatzes und des Glockenbachs.

Berühmtheiten im Alten Südfriedhof

Die Baumeister Leo von Klenze oder Friedrich von Gärtner, der Erfinder Josef von Fraunhofer, der Chirurg Johann Nepomuk von Nussbaum, der Landschaftsgärtner Friedrich Ludwig von Sckell, der Maler Carl von Spitzweg und viele mehr fanden auf dem Alten Südfriedhof ihre letzte Ruhestätte.

16 Spaziergang entlang des Auer Mühlbachs

Von Mühlen und Kreuzrittern

- **Dauer:** ca. 2 Std.
- **Route:** Tierpark Hellabrunn, Kraemer`sche Kunstmühle, Templer Kloster, Bäckermühle, Paulaner Brauerei, Mariahilfplatz, Ludwigsbrücke
- **Ausgangspunkt:** Tierpark Hellabrunn, Flamingo-Eingang (Bus 52 ab Marienplatz)
- **Ziel:** Ludwigsbrücke (Tram 18, Deutsches Museum)

Auf diesem Spaziergang folgen wir dem Auer Mühlbach, der früher zahlreiche Mühlen angetrieben hat. Wir sehen Überreste des ersten Industrieviertels Münchens und entdecken eine bizarre Kirche, die viele Münchner nicht kennen.

Wir starten unsere Tour vor dem Flamingo-Eingang am **Tierpark Hellabrunn**. Südlich vom Tierpark, am **Marienklausensteg**, wird der Auer Mühlbach aus dem Isarkanal abgeleitet und über einen so genannten **Düker** (Tunnel unter der Isar) auf die rechte Isarseite geleitet, wo er anfangs durch den Zoo fließt.

Wir biegen links in die Mörikestraße ein. Rechts von uns sehen wir die Gaststätte **Siebenbrunn**. Ihren Namen verdankt die Gaststätte den Hangquellen, die unterhalb der Isarhochterrasse heraustreten. Der ehemalige Adelssitz wurde im frühen 19. Jahrhundert zu einer gern besuchten Ausflugsgaststätte umgebaut. Wir gehen weiter geradeaus und kommen an einer Schrebergartenanlage vorbei. Wir folgen dem Weg links über die Brücke und gehen danach gleich wieder rechts. Rechts von uns liegt das Gelände der **Kraemer'schen Kunstmühle**, die bis 2007 noch in Betrieb war. Sie war ein Überbleibsel der frühindustriellen Entwicklung. Seit 1701 befand sich hier eine Papiermühle, die Mitte des 19. Jahrhunderts zur Getreidemühle umgebaut wurde. Sie war die erste mit Turbinen betriebene Getreidemühle in München und wurde deshalb »Kunstmühle« genannt. Von den ehemals 14 Mühlen in München hat nur noch eine überlebt: die Hofbräuhausmühle (s. Spaziergang 6).

Wir sind in der Wohlgemutstraße, biegen am Ende

Am Neudeck wurde der Auer Mühlbach wieder an die Oberfläche geholt.

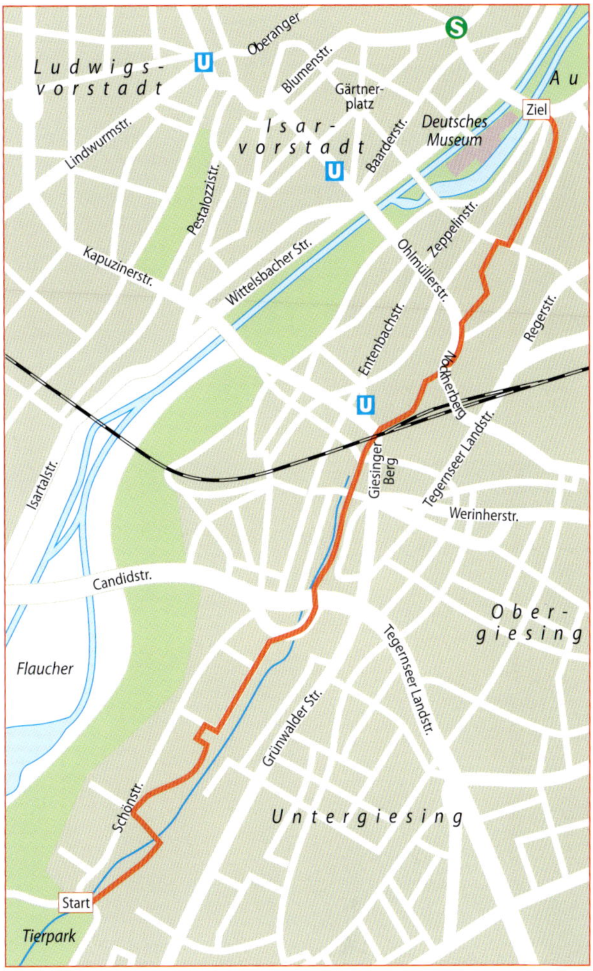

rechts in die Lebscheéstraße und danach links in die Straße Birkenleiten ein. Vor uns taucht ein bizarres Gebäude mit vielen Türmchen auf, das nicht so recht in die Umgebung passen will: das **Templer Kloster**. Das neugotisierte Schlösschen mit dem gewaltigen Kirchturm von 87 Metern ist der Hauptsitz der Templer-Ordensgemeinschaft in Deutschland. Gebaut wurde das Schlösschen um das Jahr 1880 im altdeutschen Stil. Die Templer zogen 1968 hier ein und kümmern sich hauptsächlich um Bedürftige. Täglich werden bis zu 100 Mahlzeiten mittags und abends ausgegeben.

Wir gehen am Kloster vorbei, biegen am Ende des Weges in den Paula-Herzog-Weg und gehen danach links unter der Brücke durch in die Lohstraße. Hier treffen wir wieder auf den Auer Mühlbach und sehen vor uns die so genannte **Bäckermühle**. Bereits im Jahr 957 stand hier eine Mühle, die dem Bischof von Freising gehörte. Die älteste Mühle Giesings wurde 1894 Eigentum der Münchner Bäckerinnung, daher der Name »Bäckermühle«. 1988 errichtete der Kfz-Meister Günter Tremmel dort als privater Investor ein Kleinkraftwerk mit zwei Turbinen, das Strom für ca. 620 Haushalte liefern kann. Wir folgen weiter der Lohstraße (Lohe = Au-

Europas größter Geozoo

Im 14. Jahrhundert existierte hier eine Mühle, die zum Adelssitz und Lustschlösschen Hellabrunn gehörte. Nach dem Abbruch der Mühle wurde 1905 der Verein Zoologischer Garten e.V. gegründet. Der Architekt Emanuel von Seidl schuf in der vom Auer Mühlbach durchflossenen Auenlandschaft ein Gelände für naturnahe Tierhaltung. Sein architektonisches Paradestück im Park ist das 1914 erbaute Elefantenhaus, auf das er die damals größte freitragende Betonkuppel der Welt setzte. Eröffnet wurde der Tierpark 1911. Nach dem Ersten Weltkrieg musste der Zoo jedoch schließen und wurde 1928 unter Heinz Heck wieder eröffnet. Durch sein Konzept der Rück- und Neuzüchtungen ausgestorbener Tierarten, wie z. B. Tarpan und Auerochse, erlangte der Tierpark als Geozoo weltweite Anerkennung.

Bild rechts oben: Am Marienklausensteg wird der Auer Mühlbach aus der Isar abgeleitet.

Allerlei Trödel

Dreimal im Jahr findet am Mariahilfplatz die so genannte **Auer Dult** statt. Der Name »Dult« hat seine ursprüngliche Bedeutung in einem Kirchenfest. Die erste Dult wurde im Jahr 1310 abgehalten. Vergnügungs- und Fahrgeschäfte sowie himmlische Leckereien machen die Dult zu einem Erlebnis. Das Angebot auf der Dult reicht von Antiquitäten für alle Trödelfreunde bis hin zum Haushaltswarenmarkt mit handgefertigten Töpferwaren und Geschirr in originellen Farben und Formen.

wald). Auf dem moorigen, landwirtschaftlich wertlosen Grund entstand ab Mitte des 15. Jahrhunderts eine Tagelöhnersiedlung. Gegenüber von Hausnummer 60 befindet sich noch ein öffentlicher Brunnen, aus dem früher das Trinkwasser geholt wurde. Wer möchte, kann noch einen kleinen Abstecher in die links abzweigende **Mondstraße** machen. Die Häuser der Mondstraße sind Münchens Klein-Venedig, da die Hinterhöfe an den Auer Mühlbach grenzen. Hinter der Hausnummer 14 kann man noch einen letzten Blick auf den Bach werfen, bevor er im Untergrund verschwindet.

Das Mural – ein farbenfrohes Wandbild am Ufer des Auer Mühlbaches.

Wir überqueren den Kolumbusplatz und biegen hinter der Kneipe »Chicago« in die **Nockherstraße** ein. In dieser Straße sieht man auf der rechten Seite noch kleine Häuser, die an die alten Tagelöhnersiedlungen erinnern. Am Ende der Straße überqueren wir den Nockherberg (Vorsicht: keine Ampel!), gehen ein kurzes Stück nach links und dann gleich wieder rechts in den Weg Am Neudeck, wo wir erneut auf den Auer Mühlbach treffen. Seit dem Jahr 2002 fließt der Bach am Neudeck wieder oberirdisch. Hier befindet sich eine Jugendarrestanstalt, das Frauengefängnis und die Poli-

zeiinspektion 21. Gegenüber sehen wir das Gelände der **Paulaner Brauerei**. Die Paulanermönche wurden im 17. Jahrhundert von Kurfürst Maximilian I. in das Kloster Neudeck berufen. Paulaner war eine der ersten Brauereien mit modernen Kühlanlagen. Carl von Lindes verbesserte Eismaschine von 1881, die durch den Auer Mühlbach betrieben wird, kann man heute noch in der Brauerei besichtigen. Wir gehen Am Neudeck entlang, biegen am Ende links ab und kommen zum **Mariahilfplatz** mit der **Kirche Mariahilf**, wo wir uns rechts halten.

Wir überqueren die Gebsattelstraße, gehen ein kurzes Stück Am Herrgottseck entlang und gleich wieder rechts über die Brücke in die Quellenstraße. Die Quellenstraße verläuft entlang des ersten Industrieviertels Münchens. Rechts von uns sehen wir das so genannte **Mural** – ein farbenfrohes kommunales Wandbild mit bunten Motiven aus dem kulturellen, sozialen und politischen Leben aus dem Stadtteil. Nach wenigen Metern lesen wir links das Straßenschild **Am Kegelhof**. Bereits 1347 entstand hier eine der ersten Papiermühlen Deutschlands.

Am Ende der Quellenstraße gehen wir links über die Brücke, anschließend rechts in die Lilienstraße und erreichen an der Ampel wieder die **Ludwigsbrücke**. Hier endet unsere Tour. Der Auer Mühlbach fließt noch ein kurzes Stück weiter und wird am Maxwerk unterhalb des **Maximilianeums** wieder in die Isar zurückgeleitet.

Bild unten: Die bizarren Türme des Templer Klosters.

Geheimnisvoller Orden

Die vier Türme des Templer-Klosters, die mit sogenannten Jerusalemkreuzen geschmückt sind, stehen für die vier Apostel. Auf dem großen Zwiebelturm prangt das Patriarchalkreuz des Ordens. Das Geläute im Glockenturm ist mit 21 Glocken das größte im süddeutschen Raum. Über die Geheimlehre der Tempelordensritter wird viel gemunkelt und spekuliert. Es wird berichtet, dass im Kloster 13 Männer und Frauen leben, wobei die Zahl Christus und seine zwölf Jünger bedeutet. Die Frauen dürfen das Kloster nur in Ausnahmefällen verlassen, wohingegen die Männer Geld verdienen müssen und in verschiedenen Berufen arbeiten. Ihre Einkünfte gehören zu je einem Drittel dem Altar Gottes, den Armen und dem Leben im Konvent.

17 Schloss Nymphenburg

Die Geburtsstätte des Märchenkönigs

- **Dauer:** ca. 1 Std.
- **Route:** Schlossbesichtigung Nymphenburg
- **Ausgangspunkt:** Schloss Nymphenburg (Tram 17)
- **Ziel:** Schloss Nymphenburg (Tram 17)

Wie wichtig früher die Geburt eines Thronfolgers war, sieht man an dem großzügigen Geschenk, das der Kurfürst Ferdinand Maria seiner Gattin Henriette Adelaide gemacht hat. Das spätere Sommerschloss der Wittelsbacher lädt zu einem Rundgang durch die verschiedenen Epochen ein.

Das **Nymphenburger Schloss** ist heute eine der größten barocken Schlossanlagen in Europa. Sie geht zurück auf das Kurfürstenpaar Ferdinand Maria (1636–1679) und Henriette Adelaide von Savoyen (1636–1676), die bereits im zarten Alter von 14 Jahren vermählt wurden. Obwohl sie sich sehr liebten, wurde ihnen nach 10 Jahren Ehe

Im Steinernen Saal des Nymphenburger Schlosses wurde früher getanzt und gefeiert.

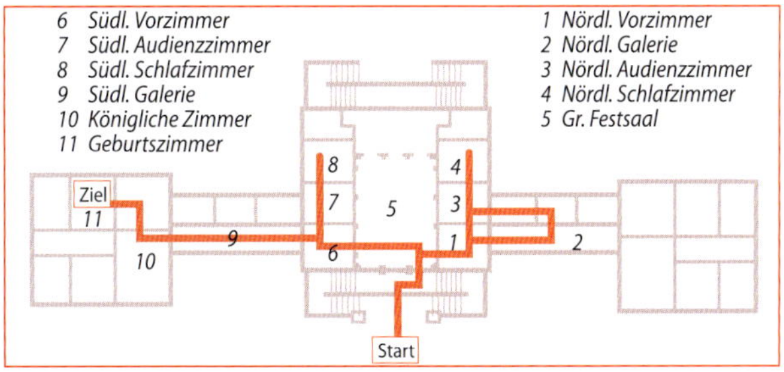

immer noch kein Thronfolger geboren. Sie unternahmen daraufhin eine Wallfahrt nach Altötting und schworen, die schönste Kirche der Stadt zu stiften, wenn ihnen doch noch ein Sohn geschenkt werden würde. Tatsächlich brachte Henriette Adelaide zwei Jahre später ihren Sohn Max Emanuel (1662–1745) zur Welt. Das Kurfürstenpaar löste sein Versprechen ein und ließ die wunderschöne **Theatinerkirche** am Odeonsplatz von italienischen Baumeistern errichten (s. Spaziergang 3). Ferdinand Maria war so glücklich über die Geburt seines Sohnes, dass er seiner Frau noch ein Geschenk machte: ein kleines Lustschlösschen auf dem Lande, das sie »Borgo delle Ninfe« nannte, was so viel bedeutet wie, »da, wo die Nymphen weilen«. Das mittlere Gebäude mit der Freitreppe davor wurde im Laufe von hundert Jahren immer wieder erweitert und diente der Herrscherfamilie als Sommerresidenz.

Der prachtvolle Tisch im Audienzzimmer der Kurfürstin ist eines der schönsten Stücke im Schloss.

Ein Prunkstück

Das wertvollste Stück im ganzen Schloss ist der Tisch, der in der so genannten »Pietra-dura-Technik« (pietra dura = harter Stein) Mitte des 16. Jahrhunderts in Florenz entwickelt wurde. Quarze, Achat oder Granit wurden in 1 Millimeter dünne Scheiben geschnitten, durch einen Spannrahmen fugenlos zusammengepresst und anschließend poliert. Angeblich ist der Tisch so schwer, dass man ihn von Zeit zu Zeit verrücken muss, damit er den Boden darunter nicht beschädigt.

Das Schreibzimmer der Königin wirkt im Gegensatz zu den anderen Zimmern im Schloss sehr wohnlich.

Der Eingang zum Schloss befindet sich im Museumsladen. Dort führt eine Treppe rechts hinter den Kassen hinauf in die verschiedenen Räume. Zu der Zeit, als das Schloss gebaut wurde, war es nicht üblich, dass die herrschaftliche Familie zusammenwohnte. Der Kurfürst wohnte auf der rechten und die Kurfürstin auf der linken Seite des Gebäudes. Den ersten Stock bewohnten die Kammerzofen mit den Kindern. In der Mitte des Schlosses liegt der **Steinerne Saal**. Hier wurde musiziert und gefeiert – sogar Wolfgang Amadeus Mozart gab in jungen Jahren im Steineren Saal ein Konzert. Er bewarb sich beim Kurfürsten Max III. Joseph um eine Anstellung, der ihn jedoch mit der Begründung, es sei keine Stelle bei Hofe frei, wieder wegschickte. Besonders beeindruckend im **Festsaal** ist das Deckengemälde von Johann Baptist Zimmermann. Der Titel des Gemäldes »Wohlstand und Blüte im Frieden« mit Darstellungen römischer und griechischer Götter spiegelt auch das Regierungsprogramm des Kurfürsten wider, der keinen Kriegsruhm suchte, sondern sein Land zu Frieden und Wohlstand führen wollte.

Rechts vom Festsaal gelangt man zunächst in das **Vorzimmer des Kurfürsten**, das im französischen Régence-Stil gestaltet wurde. Links hängt ein Porträt von Max Emanuel, der mit Rüstung und Feldherrnstab dargestellt ist. Er war der geborene Soldat und kämpfte stets für eine Rangerhöhung der Wittelsbacher. Das andere Bildnis in diesem Raum zeigt seine zweite Gemahlin Therese Kunigunde, die aus einem polnischen Königshaus stammte und ihm zehn Kinder schenkte. In der Hohlkehle über der Tür auf der linken Seite hängt ein Glöckchen, das klingelte, wenn der Besucher das benachbarte **Audienzzimmer** betreten durfte. Der Raum ist mit kostbaren Wandteppichen aus Brüssel geschmückt. Die beiden seitlichen Teppiche stellen die Monate März/April bzw. Juli/August dar und auf dem mittleren Teppich sieht man die Jagdgöttin Diana im Kreis ihrer Gefährtinnen.

Der nächste Raum war das ehemalige **Paradeschlafzimmer**, das nur sehr wichtigen Besuchern vorbehalten war. Ein Bett ist hier allerdings nicht mehr zu finden. Es verschwand während des Zweiten Weltkrieges. Das große Bild von Peter Jakob Horemans (1761) an der Rückwand zeigt die kurbayerische und kursächsische Familie beim Musizieren und Kartenspiel. Max III. Joseph präsentiert sich sehr menschlich und bescheiden im Kreise seiner Angehörigen. Die neun Porträts an der linken Wand entstanden 1715 im Auftrag von Max Emanuel. Dargestellt sind Damen, die er während seines Exils am Hof des Sonnenkönigs Ludwig XIV. kennen gelernt hatte.

Durch den nördlichen Galerieflügel gehen wir zurück zum Steinernen Saal und weiter in das **Vorzimmer der Kurfürstin**. Hier sehen wir ein Porträt von Karl Albrecht als Kaiser Karl VII. mit Krone, Zepter und Reichsapfel. Schräg gegenüber hängt seine Frau Maria Amalie, die sich hier im Gegensatz zur herrschenden Mode ungeschminkt und mit von der Sonne geröteten Wangen zeigt. Sie liebte die Jagd und vor allem ihre Jagdhunde, die sich überall im Schloss aufhalten durften und die kostbaren Bezüge der Möbel rui-

Die schöne Münchnerin

Eines der bekanntesten Porträts in der Schönheitsgalerie ist das Bild von Helene Sedelmayer. Sie stammte aus einfachsten Verhältnissen und war als Botin einer Spielwarenfirma beschäftigt. Dadurch besuchte das damals 15-jährige Mädchen öfters die Residenz, um Spielzeug für die Kinder der königlichen Familie abzuliefern. Der König war von ihrer außergewöhnlichen Schönheit und schüchternen Tugendhaftigkeit so begeistert, dass er sie porträtieren ließ. Er schenkte ihr dazu die typische Festtracht der Münchner Bürgerinnen. Sie sitzt auf einer Holzbank, ein Zeichen dafür, dass sie nicht aus adeligen Verhältnissen stammte.

Die schöne Münchnerin »Helene Sedelmayer« ist eines der bekanntesten Porträts der Schönheitsgalerie.

Das Paradebett wirkt sehr kurz, dies ist jedoch nur eine optische Täuschung.

nierten. Rechts gelangt man in das **Audienzzimmer** der Kurfürstin, dessen Wände noch im Stil der ersten Bauzeit mit rotem Damast bespannt sind. An der Rückwand hängt ein Doppelbildnis des Kurfürstenpaares Ferdinand Maria und Henriette Adelaide.

Im anschließenden **Schlafgemach** steht noch das Paradebett mit einem fünf Meter hohen Baldachin, der das Ungeziefer fernhalten sollte. Auf den ersten Blick wirkt das Bett sehr klein. In Wirklichkeit ist es jedoch ca. 2,30 Meter lang und 2,10 Meter breit. Zur Zeit des Absolutismus (17. Jahrhundert) war ein Schlafzimmer kein privater Bereich, sondern diente der Repräsentation. Es war eine Ehre, daran teilnehmen zu dürfen, wenn sich der Herrscher morgens erhob und ankleiden ließ. Oft fanden dabei wichtige Besprechungen statt. Das Doppelbildnis an der Eingangswand zeigt Max Emanuel und seine Schwester Maria Anna als Kinder. Wenn man an der Decke den Engel mit dem roten Tuch um die Hüften betrachtet, wird man feststellen, dass er sich immer von einem wegdreht, egal wo man sich im Raum befindet.

Durch die südliche Galerie mit Ansichten von weiteren Schlössern aus dem Besitz Max Emanuels erreichen wir die **königlichen Zimmer**, die im 19. Jahrhundert für die Königin Caroline, die Gemahlin des ersten bayerischen Königs Max I. Joseph ausgestattet wurden. Im ersten Raum befindet sich die **Schönheitsgalerie** von König Ludwig I. Er liebte den Anblick schöner Frauen und bat den Maler Joseph Stieler, 42 Porträts von attraktiven adeligen und bürgerlichen Frauen an-

fertigen zu lassen. So findet sich hier unter anderem auch ein Bild seiner langjährigen Mätresse Lola Montez – die »Skandalnudel« schlechthin im 19. Jahrhundert.
Die Tür auf der rechten Seite führt zunächst in den blauen Salon, dessen Möbel mit Löwenköpfen und -pranken geschmückt sind, wie sie zur Zeit Napoleons im Empire beliebt waren. Außerdem sehen wir auf der linken Seite ein Porträt von König Max I. Joseph. Im angrenzenden Schlafzimmer wurde der Märchenkönig Ludwig II. am 25. August 1845 geboren. Angeblich diente der Spiegel neben dem Bett dazu, sicherzustellen, dass es sich bei der Geburt wirklich um einen Jungen handelte – sicher kein Vergnügen für die Mutter.
Wir verlassen das Schloss wieder. Wer möchte, kann sich in einem separaten Raum des Museumsladens noch eingehend über die Geschichte des Schlosses informieren.

Im Vorzimmer der Kurfürstin hängt das Porträt Maria Amalies, nach der die Amalienburg benannt wurde.

Im grünen Salon erblickte der Märchenkönig Ludwig II. das Licht der Welt.

18 Der Nymphenburger Schlosspark

Wo die Kurfürsten lustwandelten

- **Dauer:** ca. 1:30–2 Std.
- **Route:** Parkeingang, Magdalenenklause, Amalienburg, Marstallmuseum
- **Ausgangspunkt:** Schloss Nymphenburg (Tram 17)
- **Ziel:** Schloss Nymphenburg (Tram 17)

Wir spazieren auf den Spuren der Wittelsbacher durch den wunderschönen Park und besuchen zwei sehr unterschiedliche Parkburgen: die Magdalenenklause und die Amalienburg.

Rechts neben dem Museumsladen im **Nymphenburger Schloss** befindet sich der Eingang zum **Nymphenburger Park**. Mit einer Größe von ca. 180 Hektar ist er ungefähr so groß wie 250 Fußballfelder. Der vordere Teil des Parks sieht noch so aus wie zu Zeiten des Kurfürsten Max Emanuel. Er ließ einen französischen Barockgarten anlegen mit geometrischen Formen. Der hintere Teil wurde im frühen 19. Jahrhundert vom Gartenarchitekten Ludwig von Sckell in einen Landschaftsgarten umgestaltet. Der Schlosspark diente den Wittelsbachern als Vergnügungsoase. Damals gab es noch viel mehr Wasserkanäle im Park und so konnten sie sich sogar in italienischen Gondeln über das Wasser rudern lassen. Ansonsten vertrieben sie sich die Zeit mit Kutschfahrten, gingen auf die Jagd nach Fasanen, Hirschen und Rebhühnern und feierten Feste.

Wir schlendern zunächst durch die diversen Götterstatuen und Vasen aus Marmor in der Mitte des **Barockgartens**. Besonders furchterregend ist der griechische Gott Kronos, der gerade dabei ist, seinen Sohn zu verspeisen. Am Ende der Hecke auf der rechten Seite biegen wir nach rechts ab. Nach der Brücke spazieren wir rechts am Kanal entlang und folgen den Schildern zur **Magdalenenklause**, die von außen aussieht wie eine Ruine. Kurfürst Max Emanuel gab 1725 dem Architekten Joseph Effner (1687–1745) den Auftrag, eine künstliche Ruine mit grottenähnlichen Räumen zu bauen. Der lebensfrohe Kurfürst, der ein sehr ausschweifendes Leben geführt hatte, wollte an diesem stillen einfachen Ort im Alter wieder zur Besinnung kommen. Allerdings verstarb er vor Fertigstellung der Klause.

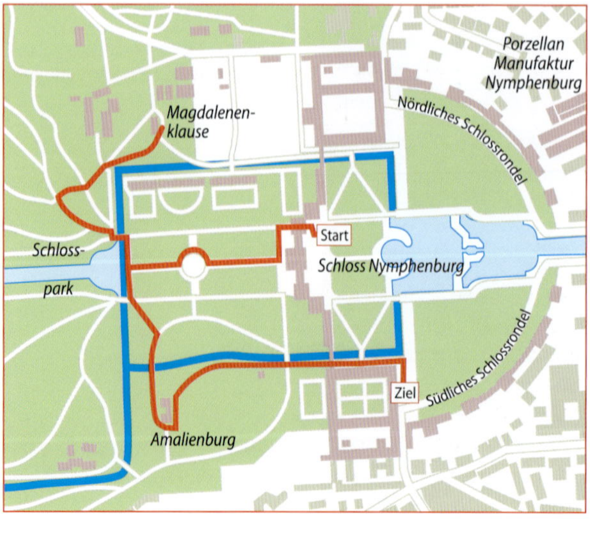

Im Nymphenburger Schlosspark kann man wunderbar spazieren gehen.

Wer sich die Grotte von innen anschauen möchte, bekommt erst einmal Filzpantoffeln übergestreift, um den Boden zu schützen. Hinter der Eingangstür kommt man in eine grottenähnliche Kapelle. Zur Gestaltung wurden Muscheln, bunte Steine und Tuffstein verwendet. In der Grottennische steht eine Figur der **Maria Magdalena**. Die übrigen Wohnräume sind mit Ölbildern und Zeichnungen geschmückt. Wir gehen wieder zurück zum Hauptweg, laufen weiter geradeaus und folgen der Beschilderung zur **Amalienburg**. Kurfürst Karl Albrecht schenkte seiner Frau Maria Amalie Anfang des 18. Jahrhunderts dieses Schlösschen. Es wurde vom Architekten François Cuvilliés im Stil des Rokoko errichtet. Maria war eine begeisterte Jägerin und schoss

Rokoko und Barock

Rokoko nennt man in der Kunstgeschichte die Weiterentwicklung des Barock in den Jahren 1735 bis etwa 1790. Daher wird das Rokoko oft auch als Spätbarock bezeichnet. Im Rokoko verschwand die Symmetrie des Barock. An die Stelle fester Formen traten zierliche gewundene Linien und die Architektur wurde anmutiger und verspielter. Oft findet man rankenförmige Umrandungen. Der Begriff wird abgeleitet von dem französischen Wort »Rocaille«, was Muschelwerk bedeutet.

Die Statue des griechischen Gottes Kronos im Nymphenburger Schlosspark

Bild rechts: Komode im Ankleidezimmer (Retirade) in der Amalienburg

angeblich vom Balkon ihres Hauses bequem auf Rebhühner und Fasane, die die Bediensteten vor dem Schloss zusammentreiben mussten.

Die Amalienburg ist die einzige Parkburg, die auch im Winter besichtigt werden kann. Zuerst gelangt man in die **Hunde- und Gewehrkammer**, die zur Aufbewahrung der Jagdflinten diente. In den Löchern unter den Schränken schliefen die geliebten Jagdhunde der Kurfürstin. Als nächstes kommen wir in die so genannte **Retirade**, das Ankleidezimmer. In der Nische auf der linken Seite befindet sich eine Kommode mit einem Deckel darauf. Darin befand sich der Leibstuhl mit einem Topf darunter, der als Toilette diente. Danach gehen wir weiter durch das **Blaue Kabinett** mit prächtigen Jagdtrophäen in das **Ruhezimmer** – ein wunderschönes Zimmer in Gelb und Silber. Oberhalb des Ruhesofas hängen Ölgemälde von Karl Albrecht und seiner Frau Maria Amalie.

Die Bediensteten konnten durch versteckte Türen in dahinterliegende Flure und somit beinahe unbemerkt von Raum zu Raum gelangen. Der prunkvollste Saal im ganzen Schloss ist der anschließende Spiegelsaal, der ganz silbern schimmert. Hier wurde getanzt und gefeiert. Die Gemälde im Jagdzimmer schildern höfische Jagden und Reiterspiele in der Barockzeit. Zum Schluss sehen wir noch die Küche, die mit weißblauen Kacheln aus Holland geschmückt ist. Allerdings wurde hier nie gekocht!

Auf dem Rückweg zum Schluss kommen wir nach wenigen Metern auf der rechten Seite am **Ludwigsgärtchen** vorbei. Hier war eine Art

Fürstliche Kindheit

Früher war es sicher kein reines Vergnügen, ein Nachkomme der kurfürstlichen oder königlichen Familie zu sein. Die Kinder mussten sehr früh lernen, wie man reitet, schießt, musiziert und sich bei Hofe benimmt. Bei Kronprinz Ludwig I. ging es dann schon etwas lockerer zu, wie man an dem Spielplatz sehen kann. Sein Enkel, König Ludwig II., kam am 25. August 1845 hier im Schloss zur Welt. Er verbrachte aber seine Kindheit hauptsächlich in den Bergen, wo seine Eltern noch ein weiteres Schloss, das Schloss Hohenschwangau besaßen.

Spielplatz für die Königskinder, vor allem für den Kronprinzen Ludwig I. eingerichtet. Der hölzerne, achteckige Pavillon diente als Spielhaus. Wenn wir geradeaus weitergehen, kommen wir wieder aus dem Park heraus. Das Gebäude auf der rechten Seite beherbergt zwei Museen. Im ersten Stock ist eine **Nymphenburger Porzellansammlung** untergebracht und im Erdgeschoss befindet sich das **Marstallmuseum**. Hier kann man die prächtigen Kutschen und Schlitten der Wittelsbacher Herrscher bewundern. Nach dem Marstallmuseum kann man rechts um die Ecke biegen und erreicht nach wenigen Metern die Gaststätte »Zur Schwaige«, die zum Abschluss zu einer gemütlichen Einkehr einlädt.

Vom Balkon der Amalienburg schoss die Kurfürstin Maria Amalie auf Rebhühner.

19

Sportliche Runde durch den Olympiapark

Ein besonderes architektonisches Denkmal

- **Dauer:** ca. 1:30 Std.
- **Route:** Sea Life, Olympiaturm, Zeltdach, Olympiaberg, Sea Life
- **Ausgangspunkt:** U-Bahn Haltestelle »Olympiazentrum« (U3)
- **Ziel:** Sea Life, U-Bahn Haltestelle »Olympiazentrum« (U3)

Auf unserer Runde durch den Olympiapark besuchen wir die Schauplätze der Olympischen Sommerspiele von 1972 und genießen die Aussicht von Münchens höchstem Punkt: dem Olympiaberg.

Wir beginnen unsere Entdeckungstour an der U-Bahn-Haltestelle Olympiazentrum. Gleich neben dem Ausgang befindet sich auf der linken Seite die im Oktober 2007 neu eröffnete **BMW Welt** (s. Spaziergang 20). Wir gehen über die linke Brücke, die den Mittleren Ring überquert, kommen links am **Olympia-Eissportzentrum** vorbei und gelangen nach wenigen Metern in den **Olympiapark**.

Der Park wurde für die Olympischen Sommerspiele 1972 angelegt. Wenn unser Blick über das hügelige Gelände schweift, ist es schwer vorstellbar, dass hier früher alles eben war. Einst marschierten Truppen der königlich-bayerischen Armee über den Platz, später entstand dort der erste Flughafen von München, der Oberwiesenfeld hieß. Nach dem Zweiten Weltkrieg diente das Areal als Schuttabladeplatz der zerstörten Stadt. Als München den Zuschlag erhielt, die Sommerspiele 1972 auszutragen, gestaltete das Architekten-Team Behnisch und Partner aus Stuttgart mit dem Schutt den hügeligen heutigen Park, der sehr natürlich wirkt. Viele Münchner nutzen ihn als Erholungsoase, gehen hier spazieren, joggen auf den Olympiaberg, führen ihren Hund Gassi oder lauschen im Sommer den Klängen von Robbie Williams, Tina Turner oder andern Größen der Rockgeschichte. Gegenüber vom Eissportzentrum befindet sich das **Sea Life**. In den 30 Becken dieses Aquariums kann man Tiere beobachten, die in der Isar, der Donau bis hin zum Schwarzen Meer und dem Mittelmeer beheimatet sind. Anschließend halten wir uns rechts und gehen zum Seeufer. Wer möchte, kann sich mit der Parkeisenbahn gemütlich durch das Gelände kutschieren lassen. Neben der Haltestelle beginnt der

Zeltdachtour

Seit einigen Jahren werden Zeltdachtouren entlang des Daches über dem Olympiastadion angeboten. Alles, was Sie dazu brauchen, ist ein wenig Mut. Die Ausrüstung bekommen Sie gestellt und klettern in kleinen Gruppen auf zu schwindelerregenden Höhen. Ein Tourguide erklärt die Architektur und Konstruktion des weltberühmten Olympiastadions aus nächster Nähe. Von dort oben kann man einen außergewöhnlichen Blick auf die Stadtkulisse Münchens genießen und bei gutem Wetter sogar bis hin zu Deutschlands höchstem Berg, der Zugspitze, blicken.

so genannte **Munich Olympic Walk of Stars**. Über 70 berühmte Persönlichkeiten aus der Sport-, Musik- und Unterhaltungswelt haben sich hier am Ufer mit Handabdruck und Unterschrift in frischem Beton verewigt.
Weithin sichtbar ist der 290 Meter hohe **Olympiaturm** – der dritthöchste Fernsehturm in Deutschland. In wenigen Minuten wird man mit dem Lift nach oben befördert und genießt von einer der Plattformen einen grandiosen Ausblick über die ganze Stadt. Bei Föhnwetter sind die Alpen zum Greifen nahe. Das Drehrestaurant in luftigen 200 Metern Höhe, das sich in 53 Minuten einmal um sich selbst dreht, lädt zu einer etwas ungewöhnlichen Pause ein. Im Jahr 2004 wurde neben dem Restaurant das höchstgelegene **Rockmuseum**

Bild links: Münchens höchste Erhebung – der Olympiaberg.

Bild rechts: Heute nutzen die Münchner den Olympiapark als Naherholungsoase.

Der Olympiaberg bietet eine tolle Aussicht auf den Park und die Stadt.

der Welt eröffnet. Man findet dort beispielsweise signierte Gitarren von Pink Floyd, den Rolling Stones, goldene Schallplatten und jede Menge Autogramme.

Nach dem Olympiaturm gehen wir geradeaus den Hügel hinauf und sehen das 75 000 Quadratmeter große Zeltdach, das die **Schwimmhalle**, die **Olympiahalle** und das **Olympiastadion** umspannt – eine architektonische Meisterleistung. Angeblich wurden die Architekten bei der Gestaltung des Daches mit den einzelnen Spitzen von der Silhouette der Alpen inspiriert.

In der Schwimmhalle auf der linken Seite, die heute noch gerne genutzt wird, holte 1972 der Amerikaner Mark Spitz sieben Goldme-

Aprilscherz

Da die Acrylglasplatten des Zeltdaches über dem Olympiastadion mit der Zeit stumpf werden, so dass kein Licht mehr durchdringen kann, müssen sie immer wieder mal ausgewechselt werden. Ein Münchner Radiosender hatte sich vor einigen Jahren einen Aprilscherz erlaubt, indem er die Münchner am 1. April dazu aufrief, mit Eimer und Lappen bewaffnet zum Olympiagelände zu kommen, um beim Putzen des Daches zu helfen. Es kamen wirklich Hunderte von Menschen und wollten mitmachen!

daillen. Die Olympiahalle gegenüber wird für verschiedene Veranstaltungen genutzt. Beispielsweise findet hier jedes Jahr das 6-Tage-Rennen der Radrennfahrer statt sowie Rockkonzerte berühmter Bands. Wir gehen geradeaus weiter und können links hinter dem Hügel einen Blick auf den **Olympiasee** und die Seebühne werfen. Im Sommer finden hier abends kostenlose Konzerte statt.

Bevor wir den Olympiaberg erklimmen, machen wir noch einen Abstecher zum **Olympiastadion** auf der rechten Seite. Bis 2005 wurde hier noch Fußball gespielt. Heute rollt der Ball im neuen Stadion: in der **Allianz Arena**. Seitdem dient das Stadion als Austragungsort für verschiedene Veranstaltungen, wie z. B. Messen, Opernaufführungen oder im Winter sogar für Snowboardmeisterschaften.

Der Weg führt uns weiter geradeaus über eine Brücke. Danach folgen wir ein kurzes Stück dem Rudolf-Harbig-Weg, verlassen ihn dann nach links und wandern den Serpentinenweg auf den **Olympiaberg** hinauf. Der Berg ist mit einer Höhe von 60 Metern die höchste Erhebung Münchens und ein beliebter Aussichtspunkt. Vor allem in der Silvesternacht treffen sich hier oben viele Münchner, um auf das neue Jahr anzustoßen und das grandiose Feuerwerk über der Stadt zu erleben. Genießen Sie die wunderbare Aussicht, bevor Sie wieder hinunter zum Seeufer gehen. Links von uns befindet sich ein Bootsverleih, wo man im Sommer Tretboote mieten kann. Während der Fußball-WM 2006 konnte man sich sogar in italienischen Gondeln über den See rudern lassen. Nach der Brücke gelangen wir wieder zum Willi-Daume-Platz beim Sea Life, wo unsere Tour endet.

In luftigen 200 m Höhe kann man im Drehrestaurant des Olympiaturms bis zu den Alpen blicken.

20 BMW Welt und BMW Museum

Abenteuer Auto

- **Dauer:** ca. 2–3 Stunden (je nach Interesse)
- **Route:** BMW Welt, BMW Museum
- **Ausgangspunkt:** U-Bahnhaltestelle »Olympiazentrum« (U3)
- **Ziel:** U-Bahnhaltestelle »Olympiazentrum« (U3)

Alle BMW-Liebhaber kommen bei dieser Tour auf ihre Kosten. Zunächst schlendern wir durch die BMW Welt und können uns anschließend umfassend im BMW Museum über die Erfolgsgeschichte des Unternehmens informieren.

Wir beginnen unsere Tour an der U-Bahnhaltestelle »Olympiazentrum«. Direkt vor uns auf der linken Seite erhebt sich das faszinierende Gebäude der **BMW Welt** mit dem markanten Doppelkegel und dem scheinbar schwebenden Wolkendach. 275 Architekturbüros beteiligten sich an der Ausschreibung der BMW Welt. Im Dezember 2001 entschied sich der Vorstand der BMW AG einstimmig für den Entwurf von Prof. Wolf D. Prix und dem Wiener Büro Coop Himmelb(l)au.

Der Standort der BMW Welt befindet sich idealerweise dort, wo seit 90 Jahren das Herz von BMW schlägt, nämlich in direkter Nachbarschaft zum BMW Stammwerk, zur Konzernzentrale im legendären Vierzylinder und zum neu eröffneten BMW Museum. Die offene Architektur und die Glasfassade bringen viel Licht in die Räume der BMW Welt. Sie bietet den

zahlreichen internationalen Besuchern eine besondere Gelegenheit, die Marke BMW in allen Facetten zu erleben. Sie ist einerseits ein Auslieferungszentrum für den neu erworbenen BMW und bietet andererseits ein vielseitiges und abwechslungsreiches Angebot. Sie finden hier eine umfassende Präsentation von BMW-Autos und -Motorrädern, ein vielfältiges Einkaufserlebnis rund um die Marke BMW in den Shops sowie ein abwechslungsreiches gastronomisches Angebot. Auch das Innere der BMW Welt ist architektonisch gesehen einzigartig und soll eine Atmosphäre schaffen, in der man BMW mit allen Sinnen erleben kann.

Das Highlight eines jeden stolzen BMW-Käufers ist sicher die Abholung des neuen Gefährts auf der so genannten Premiere. Von der Galerie aus können Besucher miterleben, wie die Abholer ihren neuen Wagen freudestrahlend in Empfang nehmen. Auch an die kleinen, zukünftigen potenziellen BMW-Kunden wurde gedacht: Im **Junior Campus** erfahren Kinder und Jugendliche zwischen 7 und 13 Jahren alles über Mobilität. Die Attraktion im Campus-Portal ist die große gläserne Kugelbahn. Auf verschlungenen Wegen, durch Kurven, Loopings und Geraden bringen die Kinder die Kugel mit Geschick ins Ziel. Sie können an vier Stationen selbst beeinflussen, welchen Weg die Kugel nimmt. Außerdem werden verschiedene Workshops rund

Bild links: Die BMW Welt ist ein architektonisches Schmuckstück.

In der BMW Welt kann man nicht nur die neuesten Modelle bewundern.

Das BMW Museum zeigt die Entwicklung der unterschiedlichen Modelle vom Anfang bis heute.

um das Thema Mobilität angeboten, z. B. kann man in der Campus Werkstatt selbst ein Fahrzeug mitgestalten und seine eigene Fantasie mit einbringen.

Von der BMW Welt aus gelangt man über eine Brücke ins **BMW Museum**. Dahinter sieht man den Hauptsitz der BMW-Verwaltung aufragen in Form eines Vierzylinders. Aufgrund der wachsenden Bedeutung des Unternehmens als weltweit agierender Konzern und der immer umfangreicher werdenden Produktpalette war eine deutliche Vergrößerung des bisherigen BMW Museums notwendig. Als Erstes wurde die Museumsschüssel mit dem benachbarten Flachbau verbunden. Dadurch konnte die Ausstellungsfläche von 1000 auf 5000 Quadratmeter erweitert werden.

Der Ausstellungsbereich des BMW Museums gliedert sich in mehrere Bereiche: Im neu geschaffenen Flachbau finden Sie die Dauerausstellung, den Bereich »Visionen«, die BMW Roadster und je ein Exponat der BMW Art Car Collection. In der BMW Museumsschüssel, die der alleinige Ausstellungsbereich von 1973–2004 war, finden wechselnde Ausstellungen statt. Das neue BMW Museum deckt die über 90-jährige Geschichte der Firma in all ihren Facetten ab.

Das Konzept für die Neugestaltung des BMW Museums beruht auf der Idee des Architekten Karl Schwanzer, der das bisherige Museum

Ein Blick hinter die Kulissen

Wer mehr über die Entstehung eines BMWs erfahren möchte, kann sich in der BMW Welt zu einer Führung durch das Stammwerk der BMW Group anmelden. Dabei erfährt man, wie aus tonnenschweren Stahlrollen Karosserien gefertigt werden, wie ein Motor entsteht und wie alles in der Montage zusammengefügt wird. Anmelden kann man sich telefonisch unter der Nr. 089/382-23306.

1973 errichtete. Er hatte den Innenraum des Rundbaus als »Fortsetzung der Straße im umbauten Raum« definiert und die Ausstellungsflächen an einer Rampe als dem zentralen Besucherweg angeordnet. Analog dazu wurde auch der Flachbau gestaltet. Ein ca. 1 Kilometer langer Parcours führt nun durch das neue Museum.
Die für BMW wichtigen und typischen Aspekte wurden in sieben Themenblöcken zusammengefasst, wobei jeder Block ein eigenständiges Haus erhielt: Im **Haus der Gestaltung** wird man auf die Marke BMW eingestimmt und erfährt viel über das BMW Design. In der »Schatzkammer« bekommt der Besucher besonders wertvolle und bedeutende Fahrzeuge zu sehen. Außerdem gibt es das **Haus des Motorrads** sowie das **Haus des Unternehmens**, wo man viele Informationen zur Unternehmensgeschichte erfährt. Die Ursprünge der BMW Erfolgsgeschichte werden anhand des ersten Flugmotors, des ersten Motorrads und des ersten Automobils geschildert. Das **Haus der Technik** dokumentiert die Effizienz und Leistungsfähigkeit der BMW Technologie und das **Haus des Motorsports** erinnert an unvergessliche Erfolge von BMW, wie die Siege des BMW 328, die Teilnahme an der Formel 1 und die Rennsportgeschichte des BMW Motorrads und der BMW Tourenwagen. Im **Haus der Marke** wird BMW im Spiegel der Werbung dargestellt und das **Haus der Baureihe** zeichnet die Entwicklungsreihe einzelner Baureihen nach.
Nach dem Museumsbesuch lädt das Museumscafé zu einer Verschnaufpause auf der Terrasse ein.

Die BMW Zentrale wurde in der Form eines Vierzylinders gestaltet.

Orts- und Sachregister

Erlebnistouren im Alpenvorland
Armin Scheider
DIE SCHÖNSTEN AUSFLÜGE
FAMILIENAUSFLÜGE IM ALPENVORLAND
Radtouren und Wanderungen zu über 700 Einzelzielen
- 50 Ausflüge zu Sehenswürdigkeiten
- Hinweise zu Gasthöfen und Biergärten
- Freibäder, Events und Tipps für Kinder
J. BERG
ISBN 978-3-7658-4161-3
Armin Scheider
DIE SCHÖNSTEN AUSFLUGSZIELE
SO FEIERT BAYERN
Feste, Bräuche und Märkte in Oberbayern
J. BERG
ISBN 978-3-7658-4230-6
Armin Scheider
DIE SCHÖNSTEN AUSFLÜGE
STILLE WEGE RUND UM MÜNCHEN
Ausgewählte Ausflüge für Autofahrer, Wanderer und Radfahrer fernab von Hektik und Verkehr
Weglänge, Sehenswürdigkeiten, Einkehr, Detailkarten und Übersichtskarte
J. BERG
ISBN 978-3-7658-4218-4
Das komplette Programm unter
www.j-berg-verlag.de
J. BERG

Impressum

Produktmanagement: Sabine Klingan
Lektorat, Redaktion und Bildauswahl:
Barbara Buchter, extratour, Neuenbürg
Layout: Medienfabrik GmbH, Stuttgart
Kartografie: Heike Boschmann,
Computerkartografie Carrle, München
Repro: Medienfabrik GmbH, Stuttgart
Herstellung: Thomas Fischer
Printed in Italy by Printer Trento S.r.l.

Alle Angaben dieses Werkes wurden von den Autorinnen sorgfältig recherchiert und auf den aktuellen Stand gebracht sowie vom Verlag geprüft. Für die Richtigkeit der Angaben kann jedoch keine Haftung übernommen werden.
Für Hinweise und Anregungen sind wir jederzeit dankbar. Bitte richten Sie diese an:

J. Berg Verlag
Postfach 400209
D-80702 München
E-Mail: lektorat@verlagshaus.de

Bildnachweis: Alle Fotos im Innenteil und auf dem Umschlag von den Autorinnen.
Umschlagvorderseite: Theater am Gärtnerplatz, München
Umschlagrückseite: Villa Stuck, Prinzregentenstraße, München

Deutsche Nationalbibliothek – CIP-Einheitsaufnahme
Ein Titeldatensatz für diese Publikation ist bei der Deutschen Nationalbibliothek erhältlich.

ISBN 978-3-7658-4274-0